U0120139

老子的正言若反、莊子的謬悠之說……

《鵝湖民國學案》正以

「非學案的學案」、「無結構的結構」、

「非正常的正常」、「不完整的完整」，

詭譎地展示出他又隱涵又清晰的微意。

曾昭旭教授推薦語

願台灣鵝湖書院諸君子能繼續「承天命，繼道統，立人倫，傳斯文」，綿綿若存，自強不息。蓋地方處士，原來國士無雙；行所無事，天下事，就這樣啓動了。

林安梧教授推薦語

喚醒人心的暖力，煥發人心的暖力，是當前世界的最大關鍵點所在，人類未來是否幸福，人類是否還有生存下去的欲望，最緊要的當務之急，全在喚醒並煥發人心的暖力！

王立新（深圳大學人文學院教授）

人們在徬徨、在躁動、在孤單、也在思考，希望從傳統文化中吸取智慧尋找答案；另一方面是割不斷的古與今，讓我們對傳統文化始終保有情懷與敬意！依然相信儒家仁、愛之說仍有益於當今世界。

王維生（廈門篔簹書院山長）

鵝湖民國學案

呂榮海 賴研 蕭新永 洪文東 周隆亨 潘俊隆 陳蕙娟 陳祖媖等35人 合著

老子的正言若反，莊子的謬悠之說……
《鵝湖民國學案》正以
「非學案的學案」、「無結構的結構」、
「非正常的正常」、「不完整的完整」，
詭譎地展示出他又隱涵又清晰的微意。

—— 曾昭旭教授推薦語

鵝湖民國學案

呂榮海 賴研 蕭新永 洪文東
周隆亨 潘俊隆 陳蕙娟 陳祖媖 等35人 合著

華夏出版

敬禮勝師足。成就廣智眼。徧見所知處。具眾善說海。

密宗道次第論

其說如恆河。流注所化洲。我慧如毫端。取滴救忘失。

克主傑大師◎著
法尊法師◎譯

此論概括密宗的四部教法，而以無上瑜伽為重點，對密宗四部的修行次第、儀軌、方法、法器使用等方面作了詳細論述。

世界佛學苑漢藏教理院叢書

第二種

密宗道次第論

中華民國念六年四月漢藏教理院刊行

密宗道次第論藏文原書

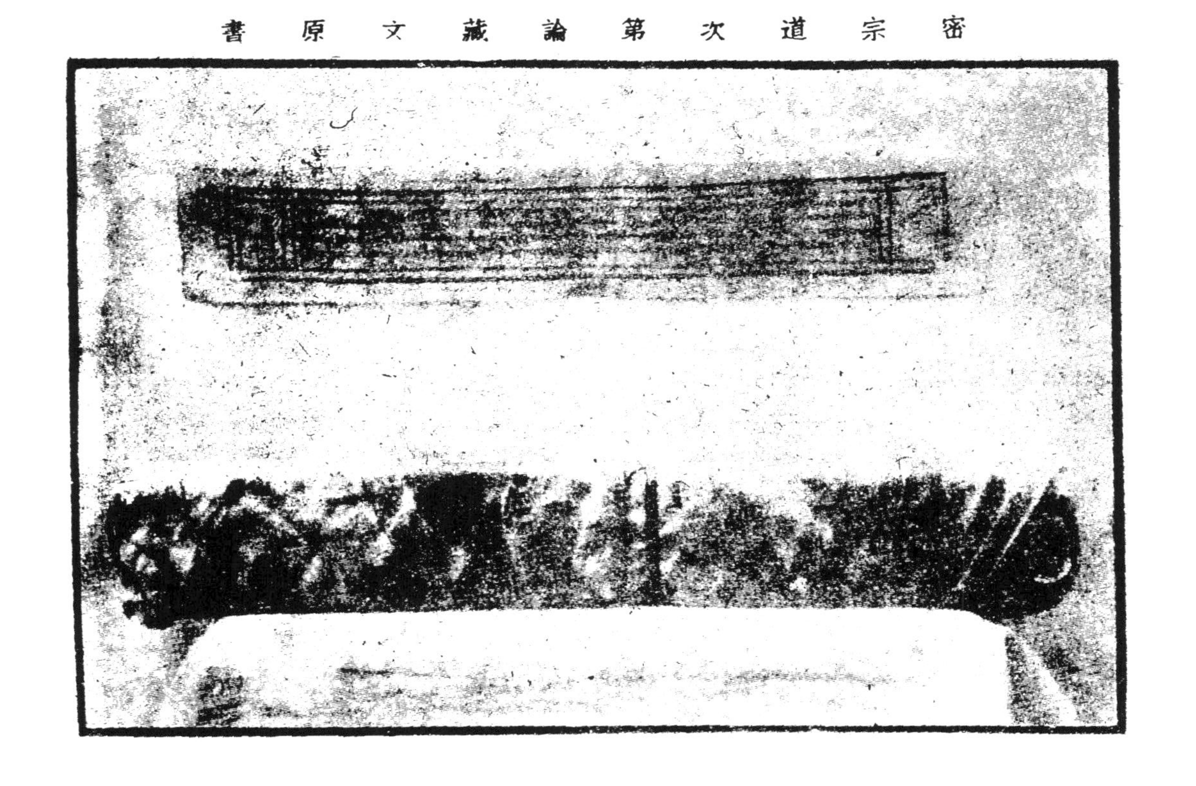

本書譯例

一、本論譯稿依據拉薩新版密宗道次第論本。

一、本論凡內地所無名詞皆依師授而譯。

一、本論咒文譯音悉依師授。

一、本論前三部密法皆依文譯，第四部密法則有依文譯者，有依義譯者，至必須灌頂始可聽聞者俱略未譯。

密宗道次第論卷第一
（原名續部總建立廣釋）

克主大師著　法尊法師譯

敬禮尊長

敬禮勝師足。成就廣智眼。徧見所知處。具衆善說海。
其說如恆河。流注所化洲。我慧如毫端。取滴救忘失。

其大小乘異宗建立（分二）。

（甲初）且於大師世尊成佛之建立。（乙初）聲聞二部許我等此大師。昔於古釋迦牟尼如來前發菩提心入資糧道。始趣三無數劫集積資糧。次至寶髻如來出現世間。圓滿初無數劫。次至然燈如來出現世間。

圓滿二無數刧。次至毗婆尸如來出現世間．圓滿第三阿僧祇刧。次至生爲淨飯王子一切義成．凡有百刧集積資糧．三十二妙相．八十隨形好因。如云「毗婆尸然燈寶髻三出現三無數刧後．初謂古釋迦。」其三無數刧集積資糧．乃至初夜降魔．許爲眞資糧道．異生菩薩．其三十五歲春季後月．毗舍佉星十五日初夜降魔．中夜入定．證加行道見道修道．後夜明相．始現證無學道成正等覺。次過四十九日。乃於波羅尼斯．轉妙法輪。是爲四諦法輪．除此不許轉餘法輪．不許大乘爲佛所說。次至八十歲而般涅槃。許心識斷猶如燈滅。於修道中．不許十地之建立。於果位中．不許圓滿受用身．許法身與色身．亦不許勝應身之名。

婆沙諸師、說一切義成太子之身、是異生身、故是惑業所感苦諦。其成佛時、亦未易彼身相續、仍是苦諦、故說色身非佛。經部諸師、以惡心出如來身血、應不成無間罪等、而爲破除。

乙二大乘分二　丙初波羅密多、　丙二密咒。　今初

資糧加行時、圓滿初阿僧祇劫。初地至七地、圓滿第二。八九十三地時、圓滿第三阿僧祇劫。最後生時、於摩醯首羅厚嚴天中、十方一切諸佛、以大光明灌頂、十地圓滿之智名邊際智、亦名金剛喻三摩地、此於相續、生起之第二刹那、證得法身與圓滿受用身之二身、是爲成佛。

其圓滿受用身、具五決定。一處決定、唯居色究竟、不往餘處。二法決

定。唯大乘法。不說小乘法。三相決定。唯相好莊嚴身相。不變現餘相。四眷屬決定。唯十地菩薩。無異生等眷屬。五時決定。乃至生死未空。不般涅槃。

此摩醯首羅在何處耶。答。諸天處究竟。謂淨居色究竟天。其上更有佛剎。名曰厚嚴。如經云「超諸淨居上。可愛究竟天。佛於彼成佛。化身現此間」。謂彼圓滿受用身。安住色究竟上。其變化身。乃於人間現十二相。（普通說八相今依寶性論有十二相）如此釋迦佛佛土娑婆世界。有百俱胝四大部洲。於百俱胝南贍部洲同時現百俱胝釋迦牟尼佛十二種相。謂百俱胝從覩史天下。同時亦現。如是同時示現有百俱胝父淨飯王及百俱胝摩耶夫人。誕百俱胝一切義成太子。如是凡百俱胝童子遊戲．受用妃眷．出家苦行．往菩提樹．降魔成佛．轉正法輪．入般涅槃．皆同時現。又於此土．現百俱胝般涅槃相．於餘剎土同時示現．或有誕生．或有成佛．或轉法輪．等皆百俱胝乃至生死未空．如是示現。如大乘寶性論云「大悲世間智．徧觀諸世間．不動於法身．現種種化體。若現生天中．及從覩史下．入胎與出胎．善巧諸工巧．受用諸妃眷．出家修苦行．及往菩提座．降魔成正覺．轉微妙法輪．及現般涅槃．徧現諸穢剎．盡三有而住」。

丙二　密咒宗中作行兩部．除波羅密多成佛相外．別無異說。故唯瑜伽與無上之二。丁初

攝眞實根本續及金剛頂釋續．二經宣說。其解此密意之釋迦親論

師。佛密論師。慶喜藏論師。天竺共稱為善巧瑜伽三人。前二論師之宗。謂我等大師世尊。從生為淨飯王子。乃至於尼連河側修諸苦行。許為眞實十地菩薩。於彼行六年苦行。次入上上第四靜慮。亦名第四靜慮邊際。亦名不動三摩地。亦名偏空三摩地。爾時十方一切諸佛。皆來集會。以彈指聲。警起其定。告曰。汝唯此定不能成佛。白云。若爾當修何行耶。次乃引至摩醯首羅。其異熟身。置尼連河側。一切義成菩薩。以意生身往色究竟。十方一切諸佛。先以衣灌頂。卽冠灌頂。其後如次令修五種現證菩提。（卽五相成身）五種現證菩提圓滿。卽成圓滿報身大毗盧遮那佛也。既成佛已。現四神變往須彌山頂。說瑜伽諸續。次來人間尼連河側。入前異熟身而起定。示現降魔成佛等相。

慶喜藏論師之宗義，謂三無數劫集資糧，十地菩薩最後有時，於色究竟天，入偏空三摩地。爾時十方一切諸佛，皆來集會，以彈指聲起三摩地，告曰，汝唯此定不能成佛。白云，若爾當如何修。十方一切諸佛爲授寶冠灌頂，後令漸次修習五現菩提。此圓滿已，即成圓滿報身大毗盧遮那佛。既成佛已，現四神變，往須彌頂，說瑜伽續。次現生人間爲淨飯王子，示十二相。

五種現證菩提中，有依大師昔現五種現證菩提，及依後進所化修習五種現證菩提。其中十方一切諸佛，爲一切義成菩薩寶冠灌頂後，令修「即達跋羅提碑當迦熱彌」咒義。彼修習已，即於定中現證自心法性。十六空性。本性清淨。從此定起。於後得時。見彼性淨。自心法性。於自心中爲月輪相。由此獲得大圓鏡智不動佛體。此現證菩提之名。曰從觀察而證菩提。

後進所化修此次第。謂誦「唧達跋羅提碑當迦熟彌」一咒。次修表示自心法性。十六空性自性清淨之十六母韻。於自心中變成月輪之相。

其後十方一切諸佛。令一切義成菩薩修「唵博提唧達鄔跋打耶彌」一咒義。彼由修故。卽於定中。現證自心法性空性。離垢清淨。於後得時。現見心性。離垢空性。於自心中爲極圓滿月輪之相。由此獲得平等性智。寶生佛體。此現證菩提之名。曰從發大菩提心現證菩提。

後進所化修彼之次第。謂誦「唵博提卽達鄔跋打耶彌，」次修表示自心法性，離垢空性之父音，於自心中爲極圓滿月輪之相。其後一切諸佛令修「提叉跋嘐羅」咒義。由修習故，現見前修普賢大菩提心，於自心間月輪之上，爲白色五股金剛杵，直立之相，由此獲得，妙觀察智，彌陀體性，此現證之名，曰從堅固金剛現證菩提。後進所化修彼之次第。謂誦「提叉跋嘐羅，」次於自心修白色五股金剛杵，此名「最初金剛。」當釋其義，最初是首先義。首先義者，謂先未成佛，今新成佛。漸次修習五種現證菩提之時，於自心中見彼白色五股金剛，名初金剛。云何彼杵定有五股。謂爲表示成佛之時，漸修五種現證菩提。由一一現證，證一一智，故有五股。

次由十方一切諸佛。爲一切義成菩薩。授名灌頂。易彼一切義成之名。立名金剛界菩薩。次令修習「跋嚩羅伊摩廊吭」呪義。由修習故。現見十方一切如來。身金剛界語金剛界意金剛界皆入自心白五股杵。卽彼金剛爲一切如來金剛極微所成。由此獲得。成所作智。不空成就體。此現證菩提之名。曰從金剛體現證菩提。後進所化修彼之次第。謂誦「跋嚩羅伊摩廊吭」修從自心白五股杵放光。十方鉤召一切如來。身金剛界。語金剛界。意金剛界。皆入自心白五股杵。其次十方一切諸佛令金剛界菩薩。修「喻耶塔薩嚩達塔伽達嚩當塔阿吭」呪義。由修習故。變自心杵月。現證三十二相。八十種好之所莊嚴大毗盧遮那圓滿報身。而成正覺。由此獲得法界體性智。毗盧遮那佛體。此現證菩提之名。曰從一切如來定。現證菩提。後進所化修彼之次第。謂誦「唵耶塔薩嚩達塔伽達嚩當塔阿吭。」變自心杵月成大毗盧遮那身。既成佛已。現四神變。其受用身住色究竟。由彼現一化身。化為四面毘盧遮那往須彌頂。說瑜伽根本續攝眞實等。次來人間示現降魔成佛等相。（印度三大論師皆許說攝眞實義等之毘盧遮那為化身。尚不說為報身。何況法身。日本說是法身及加持身者。實有可決擇餘地。）

丁二　無上宗中。大師世尊成佛之相。其餘時輪歡喜金剛勝樂等中。皆未宣說。唯集密等說之。此於聖者宗（龍猛）及智足宗。皆有宣說。

聖者宗於提婆攝行炬論中說。智足宗於曼殊室利口授廣說中說。
二者同一意趣。謂波羅密多乘與四諦密咒。皆許十地菩薩有一生
補處及最後有之二種建立。其一生補處十地菩薩者。謂彼十地菩
薩於第二生決定成佛。最後有者。謂彼十地菩薩。於現生中決定成
佛。此釋迦牟尼大師世尊。先依波羅密多乘三無數劫。集積資糧。至
最後有十地菩薩時。於色究竟入徧空定。爾時十方一切諸佛。皆來
集會。以彈指聲令從定起。告曰。汝唯此定。不能成佛。白云。若爾當如
何行耶。時十方一切諸佛。鉤召最勝空點天女。爲灌第三智慧灌頂。
其後開示現證菩提之次第。令其修習。至中夜分。三空漸滅。證一切
空勝義光明。從此而起清淨幻身。次一切諸佛爲灌第四灌頂。入行

諸行至．第一明相出時．以金剛喻三摩地．永斷下下品所知障．得無學雙運金剛持位．是謂成佛。唯說此位．不經瓶灌頂．可授以上之灌頂不．修生起次第．而可修圓滿次第．未說餘位。

次圓滿報身大金剛持．住色究竟．別以化身示現人間十二種相。謂初生爲淨飯王子．至於尼連河側．六年苦行．日除一蔴一麥一果．不受其餘粗強飲食。入偏空定．爾時十方一切諸佛．皆來集會．以彈指聲令從定起．告曰．汝以如此苦行．逼惱之身．不能降魔。汝唯以此定．不能斷除下下品所知障。故受粗食．往菩提樹．一切諸佛．召最勝空點天女示現．爲灌第三智慧灌頂之相。次爲開示現證菩提之次第．令其修習。至中夜分．三空漸滅．示現證一切空勝義光明之相。從此而起清淨幻身。一切諸佛爲灌第四灌頂．令行諸行。至後夜分．明相初現．以金剛喻定．永斷下下品所知障．得無學雙運而成正覺。此唯示現成佛之相已足．何爲示現第三灌頂及第四灌頂等相耶。答爲令了知僅以波羅密多道．雖能至十地．然成正覺．決定須入無上咒道．若不入此定．不能成佛故。

甲二 轉法輪相 分二 乙初 轉波羅密多乘法輪相 乙二 轉密咒乘法輪相

初又分三 丙初 正轉法輪 丙二 沒後結集 丙三 造論解釋 今初

佛薄伽梵．於菩提樹下．現等覺已．經七七日．未轉法輪。次從中印摩揭陀國王舍城．而北渡殑伽河．往波羅尼斯國．仙人墮處．施鹿林中。何故名爲仙人墮處。謂昔迦葉佛．將出世時．有五百獨覺住彼山中．

由天人傳告。知佛將出世。遂現神變。上飛虛空。入火界定。以自身火。燒化色身。舍利墮地。謂仙人墮。故名人仙墮處。何故名爲施鹿林耶。謂昔波羅尼斯王。名梵授。往此山。鹿禁不許殺。遂從餘處有衆多鹿。集住其中。故名鹿林。有五賢部。安住其中。謂長老憍陳如。長老馬勝。長老起氣。長老大名。長老賢妙。彼見世尊自遠而來。共立制云。具壽憍答摩。退失靜慮。緩懈多食。彼來此處。不應與語。不應相親。不應奉迎。若坐此長座。任其自坐。遂餘一座。次世尊至時。彼不能堪世尊威德。皆來敬禮。有爲洗足。有爲敷座。讚吉具壽憍答摩。善來善來。次佛世尊坐所敷座。次五賢衆。由見世尊容顏光明。白言具壽憍答摩。汝今諸根鮮明。皮色清淨。非證勝智見耶。世尊告曰。善男子勿於如來。

呼云具壽。致令汝等。長時苦惱。我是如來。現正等覺。悟自覺智。我是一切智。不依餘師。纔說此語。五衆鬚髮自落。袈裟著身。手執瓦器。如受近圓已經百年。如剃鬚髮已經七日。次梵釋等。無量天子。供養世尊。千輻金輪。大師受請。初夜經行。中夜眠息。後夜起已。觀察過去諸佛世尊。爲於何處轉妙法輪。見於此地轉。次須臾頃。卽於此處有四寶所成一千座。現世尊繞前三座。坐第四座。爲五賢部及無量諸天。初轉第一四諦法輪。曰諸苾芻此是苦聖諦汝應知。此是集聖諦汝應斷。此是滅聖諦。汝應證。此是道聖諦。汝應修。徧智憍陳如生起見道。諸天讚歎。雨諸天花。沒至膝許。大地六種震動。此轉四諦法輪經。正是初法輪之經。其毘奈耶。阿笈摩。近念住經。廣大遊戲經。百業經。

百喻經等，就所詮義與彼相順，亦是初轉法輪經攝。次佛世尊，於靈鷲山爲共住弟子五賢部等五千苾芻聲聞大衆，及正所化機無量菩薩，轉第二無相法輪。此以十萬頌廣般若波羅密多，及中之廣二萬五千頌中之中一萬五千頌中之略般若。萬頌略之廣，八千頌略之略聖攝頌等，正爲二轉之經。其三摩地王經，金剛能斷經，佛方廣經，入楞伽經，大寶積經，華嚴經等，就所詮義與彼相順，亦是二轉經攝。有於般若經，許爲母子十七部。前舉之十萬頌，至攝頌六種，以其皆說八種現觀安立，曰母。善力映蔽請問經，般若七百頌，般若五百頌，般若百五十頌，般若五十頌，金剛能斷經，般若心經，憍尸迦經。賢手請問經，少字般若，一字般若，共十一種，以未具說八種現觀安立．爲子。有以二十五門經．代賢手請問經．自宗般若經．非定爲母子十七．尚有多種故。

最後善辨法輪者．謂在廣嚴城等處．正爲趣一切乘無數菩薩而說解深密經。正爲後法輪經．與此所詮隨順之經．皆爲最後法輪所攝。又有於後法輪經名．說爲決定勝義法輪者．有說三摩地王經．佛方廣經．楞伽經等．爲後法輪者。然不應理。總其凡說一切諸法眞實性空之大乘經典．皆中轉法輪所攝。凡說究竟一乘之經亦爲彼攝。凡說三自性中．徧計執無實性．依他起及圓成實有實性之經．皆後轉法輪經攝。凡說究竟三乘之大乘經．亦爲彼攝。然三摩地王等三經．皆說一切法無實性與究竟一乘故。

又如來藏經．陀羅尼自在王請問經．大般涅槃經．利益指鬘經．勝鬘獅子吼經．智光莊嚴經．無增減經．大法鼓經．入無分別陀羅尼經．解深密經．覺囊巴說．此十經．爲如來藏十經．爲後轉法輪．爲了義經。許彼諸經所說如來藏與佛自性身同．是諦實有常恆堅固無爲相好而爲莊嚴。一切有情．從無始生死．於煩惱網壳．本來具足．以九喻九義而爲宣說．又許初二法輪爲不了義。

補敦仁波卿．亦說彼十經爲後法輪經。彼經所說如覺囊所許．然是不了義．許自性身與如來藏同．然說有情身中無彼．唯中法輪乃是了義。

許彼十經所說義同．不應道理。以解深密經．聖觀自在請問品．全說究竟三乘。勝義生請問品，全說依他起圓實有實性。彌勒菩薩請問品，全說離意識外，別有異體阿賴耶識。所餘九經，皆說一切法無實性及究竟一乘。又依無阿賴耶識而說故。又覺曩巴自宗，說依他起如兔角，許究竟一乘。又以解深密經為了義，證彼自宗實成相違。

自宗，若有情身中無如來藏，則有情身中無成佛之因，故諸有情，應不成佛。若如來藏與自性身同，一切有情身中皆有彼者，則一切有情皆已成佛，後無佛可成，有情亦定不能成佛。故前二宗，皆非所許。若爾云何。如大乘寶性論說，「如來藏與如來界同」。其釋說界義為因義，故如來藏即是如來之因也。然亦非於凡成佛因，皆名如來藏。若爾云何。謂心上實性空之空性，即自性清淨心之法性，即此未離客垢位。自性淸淨心之法性。或名如來藏。或名本性住種。其已離客垢位。自性淸淨心之法性。或名自性身。或名究竟涅槃。或名究竟離繫果。或名具二淸淨之法性。或名具二淸淨之法身。言客垢者。謂煩惱及所知二障。故自性身定非如來藏。以永離客垢。定非未離故。故於自宗。如來藏與自性身之異門等。亦是無爲無事。常恆堅固。然無實性。

又三法輪中。初是小乘法藏。餘二是大乘法藏。又初法輪開示聲聞見。第二開示中觀見。第三開示唯識見。故第二轉爲了義。餘二不了義。（此於辨了不了義論廣明）

又一切佛語可攝爲十二分教。何等十二。如寂靜論師。於八千頌釋勝心藏論云，「經重頌授記，頌自說因緣，譬喻及本事，本生並方廣，希有論議部，是十二分教。」其中因緣譬喻本事本生四合爲一，是九分教。

又佛經與佛語同類，可分三，一親口所說經，二佛所加持經，三佛所聽許經。初如般若攝頌。第二有三，一身加持經，如十地經。二語加持經，如除未生怨王憂悔經。三意加持經有三，一意以三摩地加持經，如般若心經。二意以大悲加持經，如藥叉天龍等各獻自咒，佛以悲愍加持成生勝果之咒。三意以眞實力加持經，如薄伽梵意宣諦實力，令山林牆壁等，皆出法音。三佛所聽許經，如薄伽梵於集法經云，「諸苾芻，於我之經首，當云如是我聞一時」等。又云「於文中間當加接續詞而結集」。故佛示現般涅槃後，諸聲聞衆，於經之首置「如是我聞一時」等，及於中間加接續詞等。

又一切佛語，三藏所攝。正詮增上戒學者，是毘奈耶藏。正詮增上定學者，是素怛覽藏。正詮增上慧學者，是阿毘達摩藏。增上定學與佛所說奢摩他同。增上慧學與毘鉢舍那同。

又十二分教中，前五分教是聲聞經藏，次四是毘奈耶藏，此通大小二乘。毘奈耶藏後三是大乘經藏。於彼等中，散說諸法自相共相者，是阿毘達摩藏。若如集論，則論議部是對法藏，此通大小二乘對法藏。

又一切佛語攝爲八萬四千法蘊，以所化身中貪增上行有二萬一千。瞋增上行有二萬一千。癡增上行有二萬一千。三等分行有二萬一千。故說八萬四千煩惱。對治其量者。有聲聞人說七部對法中有法蘊論者。爲一法蘊量。彼有千頌。又有聲聞許圓滿宣說蘊處界等一義之經。爲一法蘊。有大乘說以堅固象所負之墨寫一法蘊。自宗所許如世親說。八萬四千煩惱中。圓滿宣說。對治一一煩惱之經。爲一法蘊。

丙二　世尊示現般涅槃後。有三次結集。

丁初　世尊轉正法輪化事已畢。遂將聖教囑付迦葉。春季末月。毘舍佉星十五夜間。於拘尸那城。示般涅槃。是年夏季於王舍城七葉窟中。未生怨王而爲施主。大迦葉波與五百羅漢上座僧伽而受安居。

爾時五百羅漢共積大衣爲座。阿難尊者高昇其上，向舍衛國合掌涕泣，妙音誦云，「如是我聞一時」等，而結集經藏。盡其所說，一切經藏全無一句增減。自心誦出，所有經義。阿難下座。次鄔波離結集毘奈耶藏。大迦葉波如前結集阿毘達磨藏。次大迦葉作是思惟：我已略作聖教事。今當涅槃，遂將聖教付阿難陀。汝此聖教當付奢搦迦。次往朝禮世尊八塔、天宮、龍宮各有一如來牙塔，亦往朝禮。次回告未生怨王，適值王睡。告眷屬曰：當說我將涅槃前來報知。次往南方鷄足山，謂三山集合之中，現種種神變。於草座上結跏趺坐，捧持世尊所許糞掃大衣，加持尸身，乃至彌勒佛出現世間說正法時，令不壞爛，顏不少衰，而般涅槃。由諸藥叉合彼三山，次奢搦迦自海取寶。回問世尊何在。供養五年。聞說涅槃。即便悶絕。醒後又問舍利子目犍連大迦葉等。聞說涅槃。亦復悶絕。醒後又問現有誰在。曰阿難陀在。次請阿難陀及諸眷屬。供養五年。次阿難陀爲彼出家及受近圓。彼亦善學。精通三藏。證羅漢果。次阿難陀廣作聖教事已。見一苾芻誦「若人生百歲。定如水老鶴。」告曰。世尊非作此說。當誦「若人生百歲。定是生滅法。」時彼苾芻往親教前。謂阿難尊者教如是誦。其親教師。於彼苾芻不欲現示自已錯誤。而云。阿難陀年老念衰忘失。次彼苾芻告阿難陀。阿難陀厭離念云。現今聖教已至如是。故當涅槃。遂將聖教付奢搦迦。告曰。汝當授與摧壞城中賣香童子鄔波笈多。如來爲彼授記。號無相好佛。廣作佛事。次往告未生怨王。適值王睡、謂眷屬曰、可述我來報知也。偕諸徒衆。赴殑伽河岸。次未生怨王夢傘折柄、醒後言之。眷屬告曰、聖者阿難陀來報將般涅槃聞已悶絕。醒後急乘大象追赴殑伽河岸、爾時廣嚴城諸離車子、因天告知、捧多供具、來殑伽河岸。有一仙人、俱五百眷屬、亦皆來至此求阿難陀、出家近圓。時阿難陀。遂於河中化一小洲、於日中時、為出家近圓、無間而得阿羅漢果、故名曰中阿羅漢、或名水中。彼作是念、今於親教未涅槃前、我當涅槃。白阿難陀。教曰、汝莫作是語、如來曾授記云、迦濕彌羅是隨順靜慮之處、有日中阿羅漢、當於彼處建立佛教、故汝當往彼安立佛教。彼遂往迦濕爾羅、廣弘正法。次阿難陀入般涅槃。舍利分為二分、於王舍城及廣嚴城各建一塔。

次耆搦迦廣作佛教事業。爲鄔波笈多出家近圓。付與聖教。次聖者鄔波笈多廣作佛法事業。不可思議。凡度一人證阿羅漢。於五十弓之石室投五指細籌。其室充滿。次將聖教傳付地底迦。彼付黑色。彼付善見。如云「善說正法能仁王。迦葉阿難耆搦迦。近護地底迦黑色。善見正法傳七代。」

丁二 第二結集

世尊般涅槃後。過百一十年時。廣嚴城諸苾芻等。作十種不清淨事。獲大利養。彼處有一切欲。是阿羅漢。證八解脫。少欲而住。次有婆颯婆聚落耶舍阿羅漢。見廣嚴城諸苾芻等獲大利養。觀其何故獲此利養。知是受行十不淨事。便往一切欲大阿羅漢處。頂禮白言聖者可行「高聲」事否。彼曰何爲「高聲」。曰作非法羯摩後。一切人共唱「高聲」說羯摩得成。告曰。不可。問犯何罪。曰惡作。問於何處制。曰於舍衛國。問爲誰制。曰爲六羣。問若爾今廣嚴城苾芻行如是事。爲忍許也。曰不忍。若爾爲何。曰應當驅擯。如是俱述十事。議當擯逐廣嚴城苾芻。次聖者一切欲曰。今當擯逐廣嚴城諸苾芻等。汝當更尋善黨。次耶舍阿羅漢。以神通力往波吒離等處。諸阿羅漢。述廣嚴城諸苾芻等所行十事。我擊楗椎。汝皆當來回廣嚴城。閉道場門。而鳴楗椎。有阿難陀弟子。缺一未滿七百苾芻。皆阿羅漢。咸來集會。時波吒離有曲安阿羅漢。入滅盡定。未聞楗椎。耶舍阿羅漢。頂禮僧伽。啓白十事。問可行高聲否。曰不可。若有苾芻作如是事。爲忍許否。

曰不當忍許。若爾何爲。曰應當驅擯。如是於一一苾芻，皆問十事，而得同意。爾時曲安阿羅漢，從滅定起，有天告曰，有汝同一親教，缺一不滿七百阿羅漢，咸集廣嚴城，尊者以神通力至廣嚴城，便叩其門，耶舍問是誰，以頌答曰，有住波叱離子城，持律苾芻具多聞，其中有一來至此，佇立門首諸根寂，告曰餘人亦有諸根寂靜，汝竟是誰。曰曲安。遂爲開門。次作羯摩，後開門已，卽鳴楗椎，住廣嚴城諸苾芻等，皆令入內，廣破十種不清淨事，擯廣嚴城諸苾芻等。爾時七百大阿羅漢，作吉祥長淨。諸天唱言，非法敗退，正法得勝，是名第二結集，施主爲無憂王。

丁三　第三結集與部別分離

清辨論師之分別燒然論與律天論師之異部宗輪論。蓮花生所造之沙彌問歲論等。皆有宣說。有一派說。大師涅槃過一百三十七年。波吒離子城有罪惡魔。名衆賢。不順化爲阿羅漢形。現種種神通。致令僧伽異見鬥諍。經六十年。未能合順。次有苾芻名曰犢子。集合僧衆。如法息諍。是名第三結集。施主爲難陀大王與大蓮花王。又有一派說。大師般涅槃後。過一百六十年。花莊嚴城。有四上座。以四種語誦持戒經。謂善構語。邊方語。庸俗語。鬼趣語。令諸弟子見不合順。分爲四根本部。其中細分成十八部。彼皆說云。唯此是佛教。所餘十七。皆非佛教。共相鬥諍。後有一日。得迦哩迦王夢兆。授記經。見說夢一白布十八人裂布不破。問迦葉佛。佛告大王。此夢於汝無益無損。是

釋迦牟尼如來教法雖分十八部然解脫布無損壞之前相故知十八部皆佛教故名第三結集施主爲無憂王

四根本部謂根本說一切有部大衆部正量部上座部此四之差別初者以善構語誦戒師承謂刹帝利種出家授記是清淨尸羅最爲第一之羅睺羅尊者僧伽胝衣從念五條下至九條衣角之相共有四種謂鄔波羅蓮花寶及樹葉第二以邊方語誦戒師承謂婆羅門種出家授記是頭陀功德最爲第一之大迦葉尊者僧伽胝從念三條乃至七條衣相爲螺第三以鬼趣語誦戒師承謂首陀種出家授記是持律之中最爲第一之鄔波離尊者僧伽胝從二十一條下至五條衣相爲娑積迦花第四以庸俗語誦戒師承謂吠舍田出家授

記、是教化邊地最爲第一之迦旃延那尊者、衣條同上、衣相爲輪。有說大乘結集、謂佛般涅槃後、於王舍城南毗摩羅山、集十億菩薩曼殊室利與彌勒金剛手菩薩、依次結集大乘阿毘達摩毘奈耶素怛覽三藏。此不應理、如集密根本續首、「如是我聞一時」至「入金剛妃婆伽」之四十字、世尊金剛持說、金剛鬘續及授記密意續等、於一一字、各以一頌而訓釋故。又與一切說密部大師與眷屬、無異體者、皆相違故。又明炬論釋「如是」二字之名、是金剛持自釋、成相違故。又無其餘清淨根據、以資證故。

密宗道次第論卷一終

密宗道次第論卷第二

克主大師著　法尊法師譯

丙三　造論解釋

論有二種，一眞實二相似。如瑜伽師地論云，「無邪第一義，矯僞出諸苦，聞諍及正行，離六論爲三。」謂彼九種，總攝內道，外道一切諸論，其無義邪義，矯詐虛僞聽聞究竟諍訟究竟之六論，是外道論，是相似論。其第一義出離苦果，正行究竟之三論，是內道論，是眞實論。又前四論，如其次第，如辨烏牙齒論，外道諸餘論，外道吠陀論，無慚外道論，聞諍究竟二論，亦外道論。（如外道明咒與外道因明論）

又有五明處。謂因明聲明醫方明工巧明內明。釋彼之論。亦有五種。

丁初 因明論中有外道因明論與內道因明論。初如外道洲生仙人所造之因明論。足目婆羅門所造之八句義因明論。內者如七部因明及集量論等。謂陳那菩薩造集量論。共有六品。法稱論師解彼密意。造七部因明論。正體如身之論有三。廣謂釋量部。中謂決定量論。略謂正理滴論。初有四品。次有三品。後未分品。旁流如支之論有四。一因滴論。二辨諍正理論。三觀係屬論。四成他相續論。

丁二 聲明論中。傳說天上有名一切智天者。造一大聲明經。盛行天上。未傳人間而沒。後由帝釋造聲明論。教授水曜仙人。令其轉教諸餘天子。故水曜仙人。名曰天師。及名聲將。彼起憍慢時。天帝釋導至大海。取水一瓶。用吉祥草。略沾一滴。告曰「聲明若大海。我知如瓶水。而汝所知者等同草端水。」彼心解悟。辭不欲教。告曰然應隨知而教。答四時不教。餘日當教。言四時者。「初八礙師長十四礙弟子。三十害智慧。初一俱損害。」謂避白月黑月四失壞日。乃至現在講聲明者。依行此法。次於人間有婆羅門。名波尼那。令相師看手。問能不能知聲明。相師云不能。次問知聲明者須何等紋。即以利刀割就。而學聲明。然未能解。如外道說。次修大自在天而得成就。請求善巧。聲明之悉地。大自在天教讀阿伊鄔。遂於聲明無間善巧。若如內道說。係修世間自在「即觀音菩薩」而得成就。剎那通達。如曼殊室利根本大教王經授記云。「制聲明波尼」等。極相和順。彼造波尼聲明論。有二千頌。此有龍王所造疏名「摩訶薄客」凡十萬頌。又有國王。名曰樂行與夫人共浴、王以水洒夫人、夫人以善構語（即普通說爲雅語）曰。莫洒水。王因不解聲明。解爲俗語之施與蔴飯。便令使女持蔴飯至。夫人自思與此如蠢牛之王共住。寧可就死。便欲自盡。王知欲死。問因何過。夫人俱告王曰。莫爲是死。我當善學聲明。爾時夫人舅父名薩嚩嚩摩。亦勸夫人不宜如是。我當修六面童子。善學聲明。轉教國王。次修得成就。彼未現身。隱於帳後。授彼自造聲明經。至十五品。薩嚩嚩摩婆羅門自取量曰。迦羅跋。願且授此。六面童子乘孔雀飛去。由布帳隙。覩見孔雀彩色。謝曰。迦羅跋忍恕。遂名其經曰。迦羅跋。素怛纜譯曰集分經。迦羅跋者。義爲集分。亦即孔雀光彩之名也。其後九品、是薩嚩嚩摩婆羅門與勝愛婆羅門造、共四百頌、二十四品、其釋有難行獅子造與利益弟子之二論。又大德月論師、依龍王所造摩訶薄咯論、造月記聲明論、有七百頌、三十二品、其舅父法民造六千頌、釋寶慧論師造一萬二千頌疏。次月滿論師造三萬六千頌、釋此。除本釋二種、餘藏中未譯。藏中所須者、又有念智論師所造言說門論、解釋名句文三身、彼等一切皆屬外明。

又聲明所附、有詩韻論、內分詩讚配韻異名歌曲四種。詩讚即名言之故名、此有解釋詩讚體相之論、與所編之詩讚。初是詩論而非詩讚、後是詩讚而非詩論。又前是外明論、後通內明外明。初如一詩鏡論」後如「如意樹論」又詩讚論所詮有詩讚身體莊嚴過失三種。身體又有單頌單行頌行間雜之三種。隨造何種。皆須表示十種狀態之一種出狀態法。又有東印度與南印度之兩派。莊嚴之中義理莊嚴。有三十五。聲音莊嚴。有三十二。祕句莊嚴。有十六。過失有十。又詩鏡論之著作者。謂執杖外道。若爾何故讚妙音天女耶。（此天女是內道供）答如外道許彼是海岸當補惹婆羅門之妻。如內道說是觀音齒所化現。然皆許爲修語音之天女。

如意樹論有一百零八品。前百零七品。是善自在大王所造。最後一品是彼太子月自在所造。

配韻論者。有赭黃論師與王天所造。藏中未譯。藏地譯者。謂濁世一切智寶生寂論師之寶生福。(或寶源)開示作詩所須字之輕重及聲明所須男女不定之三性差別。異名論者．有無死獅子論師之無死藏論。現示地下地上超地無量異名。歌曲論者．如大德月論師之世間慶喜劇．及吉祥喜天論師之龍慶喜劇。

丁三　醫方明論。如勇論師之八支醫方論．及月喜論師之廣釋．幷龍猛之百方等．皆是外明論。

丁四　工巧明論。如舍利子造宣說形像量度等論。此亦通內明攝。

丁五　內明論。謂開示調伏內心煩惱所知二障之論。其中分三

戊初 解釋初轉四諦法輪之論· 戊二 解釋第二轉無相法輪之論·

戊三 解釋第三轉善辨法輪之論。 初又分二· 已初 正釋見分之論。

二 正釋行分之論。

今初 有七部對法（即法智六足）總攝彼義者·有大毘婆沙。更攝彼義·謂俱舍頌·及釋。婆沙師說·七部對法皆阿羅漢造。如云·「法蘊舍利子·施設目犍連·識身爲天樂·發智迦旃延·界身是滿造·品類爲世友·正行異門福·傳說爲大腹。」又許大毘婆沙是諸阿羅漢及異生共造。經部師說·彼一切論·皆異生造。七部論中除施設論之施設世間與施設業二品·藏地皆未譯·傳說大毘婆沙有十萬頌·藏中亦未譯。俱舍本論·明迦濕彌羅婆沙師宗·自造釋論·亦廣明經部宗義。

其衆賢論師。陳那論師。稱友論師。滿增論師之疏。藏地皆譯之。又七部因明與集量論。亦有多分、明經部宗。

己二　正明行分論

有律天論師之戒經疏。及沙彌律頌等善友論師之別解脫戒經。釋五十卷及八種苾芻別解脫經疏、兩種苾芻尼別解脫經疏。德光論師之律經。廣說十七事與二部律。九卷又造百一羯磨十二卷。又律經自疏、及法友論師律經大疏。七十卷。又毘舍伽造二部律頌六卷。釋迦光論師造沙彌律三百頌。及自釋等。藏中皆譯。又正見者總以許否四種法印。立爲是否佛教正見。然聲聞十八部中正量部犢子部。法上部法護部（卽法藏）賢道部（卽賢胄）等。由許不可說之補特伽羅我、雖不能立、是佛正見、然就歸戒等、亦立爲佛弟子。四法印者、謂諸行無常、有漏皆苦、諸法無我、涅槃寂靜。所餘諸部、皆攝爲婆沙師與經部師、故十八部、皆說大乘非是佛說。德光論師者、有說是鄔波笈多之弟子、有說是月珠阿羅漢之弟子、然自宗說世親菩薩有四弟子、善巧於師。善對法者、謂堅慧論師。善因明者、謂陳那菩薩。善般若者、謂解脫軍。善戒律者、謂功德光。卽此德光、是摧壞國婆羅門種、誦持十八億部。

戊二、解釋第二轉法輪之論

藏地流行之龐塘目錄、勤補目錄、倫迦目錄、及隨順此三之書中、多未分宗派、故今與彼、略有不同。此可分三。己初 正釋見分。己二 正釋

行分（己三）等釋二分之論

（今初）此謂龍猛菩薩之正理聚六論·及其隨屬。正理聚六論者·一中觀論·二六十正理論·三七十空性論·四廻諍論·五細研論·此五無異說。藏地諸先覺有增「成立名言論」為六者。然尊長云·若六論中有成立名言論者·龍猛菩薩弟子之論中·偏引聖者（即龍猛）之論為左證時亦應引之·然無一書引彼論故。又明顯句論·（即月稱之中論疏）後遍列正理聚衆論時·亦未列成立名言論故。應知無彼。故我尊長（指童慧大師）許正理聚五論·一切智宗喀巴大師·則增寶鬘·許為六論。其中觀論·六十正理論·寶鬘論之三種·論體圓滿。其餘三論·是中觀論旁流之支論。又中觀論·以無量正理度·顯一切諸法眞實眞空性、未顯方便分。其餘四論、亦唯顯空性。寶鬘論中、旣以正理最廣决擇人法二種無我、亦顯粗概方便分三士道次第、中論在印度傳說有八疏、一提婆沙摩、二德慧、三德吉祥、四窣吐羅末底、及下四疏。藏中僅譯四種、一佛護論師之佛護論七卷、二月稱論師之顯句論、三清辨論師之般若燈論、觀音禁論師說此論隨順提婆沙摩疏。四全無畏論。此無畏論、在諸目錄等、多說是龍猛自造。然定非爾。以聖者弟子之論中、全未引彼教故。又釋第二十七品云、「大德提婆亦云、」次引「四百論文」故。（考此論似同靑目釋）十六正理論、有月稱論師疏。七十空性、迴諍、細研等三論、有龍猛自解。

聖天菩薩造四百論、分十六品。前八品中、明下士中士道次及上士菩薩行次。第九品以下、則以正理廣決擇二種無我。（考後八品即奘師譯之廣百論）

月稱論師著入中論及釋論、以諸正理、廣明人法二種無我、亦明方便分。其本釋二論、有拏錯譯及跋刹譯。

清辨論師著中觀心論及釋論。般若燈論、觀音禁論師造有廣疏。又觀音禁論師廣述外道宗及聲聞十八部宗、有八十卷。藏地所譯、述外道宗之書無更廣者。

提婆菩薩於獅子洲國王花園、花胎化生、貌如天子、王養為子。龍猛菩薩之諸餘弟子、皆依為定量、等同龍猛菩薩。佛護論師正持明位。

清辨論師雖於現生誓修金剛座法。然第二生。為金剛鈴論師，得大悉地。（此說與西域記略異。彼云未死。此云已死也。）月稱論師者。藏地中觀師有說。非龍猛之親弟子者。然依集密之師承，應許龍猛親弟子。亦有多種教理證成，依摩巴派。謂卽生證得上品成就，住四百年。其傳。如金剛座論師造。跋剎所譯。
智藏論師造二諦論及釋論。靜命論師造中觀莊嚴論及釋論。有謂蓮花戒論師造廣釋者。純屬妄語。蓮花戒論師造中觀光明論九卷。此名東方自性三家。靜命論師缺一歲未滿千年。藏王松讚岡薄時。曾請至西藏。後藏王赤松得贊時。幷請蓮花生大師來藏降伏諸惡非人。度七人出家。廣弘聖教。其恩最大。又聖解脫經造般若二萬頌疏。獅子賢論師造八千頌大疏及二萬頌八品疏．現觀莊嚴論略疏．般若攝頌易解。佛智論師造攝頌造難論等．皆屬中觀自性派。此三論師皆是靜靜論師之弟子。又清辨論師之論．亦是自性派之論。佛護論師．月稱論師．寂天論師等．是中觀應成派。清辨論師．祥護論師．智藏論師．靜命論師．則是中觀自性派。

中觀兩派所許勝義有何差別．答自性派師．說勝義有與諦實有二無差別。此雖於名言．亦不許有。若執有彼．即是我執。說由自體有由自相有．由自性有三無差別。此於名言（即世俗也）許有．許一切法．於名言中．皆如是有故。（如水由水之自性而有等）應成派師．說彼五種．雖於名言亦不得成。若執有彼．即是我執。又自性派可分二家。一清辨論師與智藏論師．許色聲等．離心外境之粗色。二靜命論師及彼弟子．許色聲等．非離心別有外境．或粗色．皆不成立。然與愚夫妄談一切諸法．皆是自心者．迥不相同。應成派諸師．亦許離心外境．如清辨論師。一切續部之正見．皆是應成派（唯識與中觀等見廣如辨了不了義論說）

己二　正釋行分之論

有龍猛菩薩之發心儀軌。月稱論師之七十歸論等。

己三　等釋二分之論

有龍猛菩薩之集經論。寂天菩薩之集學論．入行論等。總其龍猛菩薩所造．除上列之外．尚有法界讚．出世讚．無分別讚．心金剛讚等一切讚論．及親友書等諸教授論．幷醫方明化金論．工巧明百慧論．育子法等一切世間之論。藏地皆有譯本．中觀五蘊論．雖傳爲月稱造．然是借名密部諸論．至下當說。

戊三　解釋第三轉法輪之論．亦有正釋見分正釋行分．等釋見行二分之三類論。

總與彌勒菩薩有關係者．傳有二十部論。謂慈尊所造之莊嚴經論．現觀莊嚴論．名二莊嚴。辨中邊論．辨法法性論．名二辨別。更加寶性爲慈氏五論。無著菩薩所造．謂本地分．攝事分．攝異門分．攝釋分．攝决擇分．是名五部地．共一百二十六卷。本地分中．分諸雜地．聲聞地．菩薩地．是諸地次第。又有諸乘共聚阿毘達摩集論．大乘不共聚攝大乘論。名二總聚。世親菩薩著述，有莊嚴經釋。辨中邊論釋。辨法及法性論釋。明了釋論。成業論。五蘊論。二十唯識論。三十唯識論。共爲八部。又有不列辨法法性論釋，而加緣起經釋者。然於自宗世親所造。非定限八部。緣起經釋。稻稈經釋。十地經釋。攝大乘論釋。三念（佛法僧）經釋等。餘尙多故。三部般若摧難論。是齒軍論師造。藏中之二萬頌釋。是赤松得讚王造。故彼二論。皆非世親之書。

此諸論中莊嚴經論。辨中邊論。辨法法性論之三。解釋第三法輪。顯唯識見。其莊嚴經論等。明見行。二辨別論。正明彼見。此無異說。其寶性論。藏地先覺說是解釋第二法輪。顯中觀自性派之見。覺曩巴則謂釋後法輪。明彼自許之見。我之尊長（指童慧大師）謂釋後法輪、明唯識見。補敦大師、謂釋後法輪、明中觀見。或唯識見。然我自宗、依宗喀巴大師所許、正釋如來藏經、陀羅尼自在王問經、智光明莊嚴經、利益指鬘經、勝鬘經等之密意、屬第二轉法輪意趣。如中觀應成派義。無著菩薩、亦作應成派義、而釋現觀莊嚴論。在印度時、世親菩薩、陳那菩薩、寂靜論師等、作唯識釋。聖者解脫軍、大德解脫軍、獅子賢、佛智足、無畏論師等、作中觀自性派釋。阿底峽尊者、作應成派釋。藏地諸大譯師、及諸後進、謂釋二轉法輪、明中觀自性派見。覺曩巴謂釋後法輪、顯大中觀見。是則謗毀聖解脫軍與獅子賢作般若之釋論也。我之師長、謂顯唯識見。然於自宗依宗喀巴大師所許、現觀莊嚴論、究竟意趣、是中觀應成派之見。正明見修、解釋第二轉法輪也。五部地中顯示見者．謂唯識見解釋第三法輪。菩薩地中．眞實義品．明見．餘品明行故除彼一品．餘明行者．是總釋大乘經義。二總聚論．解釋第三法輪。是正明唯識見之論．世親八部．釋後法輪，明唯識見。其般若八千頌攝義論．與三部般若摧難論．釋經文句．雖是中觀。然說是有意趣．意趣住唯識見云。

乙二 轉密咒乘法輪相 分四 丙初 事續（或作部）建立 丙二 行續建立 丙三 瑜伽續建立 丙四 無上瑜伽續建立（續字古亦譯經字）

初又分三 丁初 事續差別建立 丁二 事續之灌頂及受戒建立 丁三 得灌頂受戒已修道之建立

今初 此有二種 戊初 部各事續 戊二 總事續

如其次第。即宣說各部修法儀軌之續。及宣說一切部共同修法儀軌之續也。若爾總有幾部。答無上瑜伽共有六部。(正云種性)謂毘盧寶生彌陀不空不動五部。及第六金剛持部。此中以第六為最勝。次以不動部為勝也。此分種性與有種性之二。如毘盧佛是名種性。以彼所印諸尊名有種性。餘部亦爾。瑜伽中分五部。一如來。二寶。三蓮花。四業。五金剛部。如其次第與毘盧等五部同。然此諸部中以如來部為最勝。事行續中各分世間出世二部。出世又分如來蓮花金剛三部。如其次第。為上中下。事續世間部中。分藥叉部。珍財部。餘世間部之三種。己初 出世部中。庚初 佛部分八。一部尊。二部主。三部妃。四部頂。五兒女明王。六男女使者。七佛部菩薩。八佛部之天龍藥义等。部尊謂釋迦佛部主謂曼殊室利。

辛　初　部尊續

謂佛薄伽梵在淨居天，十地菩薩，所變之獅子寶座，未待眷屬請問，佛自說如來百字咒之儀軌，及勝利，兼說建立三三昧耶王經。彼中宣說修釋迦佛爲正尊之曼陀羅法，及塑像畫像法，畫曼陀羅法等。有云此非事續，應是行續，以說自爲本尊法故。此不應理，彼能立因，不決定故。無畏論師，與阿提峽尊者，皆立爲事續故。

又薄伽梵在廣嚴城，寶樓閣中，念三月後，當般涅槃，令目犍連集小千界一切苾芻。時目犍連，昇須彌頂，唱「誰是善逝弟子者」等。召集四萬大阿羅漢，及小千界，一切苾芻。次舍利子，召集三千大千世界一切苾芻。彌勒菩薩、召集十方一切世界、從勝解行地乃至最後有。一切菩薩。爾時世尊、說無邊門陀羅尼及諸勝利。釋論中說、此經說釋迦佛、爲正尊之兩曼陀羅。

又摩竭陀國、無垢城中有婆羅門、名無垢善現請佛及僧、彼花園側、有一古塔、忽放光明、及說讚頌。爾時世尊、禮繞悲泣。諸弟子衆、問彼因緣。佛曰、今此塔內、有一切如來、加持心藏、名曰祕密舍利寶篋陀羅尼、是彼之力。次說彼儀軌及勝利。

又菩提莊嚴、現在藏中不全。昔諸智者、請彼來時、謂佛三種舍利、可入塔中。一法身舍利、卽諸陀羅尼。二色身舍利、卽色身所出、如芥子許之舍利子。三身像舍利、卽諸像像如其次第爲上中下。

又佛在劫比羅時，劫比羅城有婆羅門，名劫比羅月，不信聖教。有彼信敬大婆羅門，夢劫比羅月，七日當死。轉告彼知，彼深恐怖，往白世尊。佛為記曰「汝七日死後，當生無間大那落迦，次展轉生十六大那落迦，後生猪犬等。」彼請佛救護。時劫比羅城，四道交處，有一古塔，佛令修葺，并於其中安此清淨無垢光明陀羅尼，能延汝壽，死後當生不動佛剎。除蓋障菩薩，請陀羅尼儀軌及諸勝利。除蓋障菩薩，自亦宣說。次金剛手請詳說修塔儀軌。

緣起經者，世尊於三十三天如意石上，時觀自在請問，若諸天人建如來塔而修福德，願說饒益彼等儀軌。遂說緣起，心藏陀羅尼入塔儀軌及彼勝利。

此後四陀羅尼。由何立爲佛部所攝。答。以彼皆說安塔陀羅尼及建塔儀軌。彼一切塔。皆是如來塔故。

又七佛本願殊勝經。於廣嚴城爲阿難陀說。次曼殊室利。歸依解脫金剛手。梵王帝釋四大王衆十二藥义大將等。皆各自說儀軌。又曼殊室利。請藥師琉璃光王如來本願殊勝經。及刹土莊嚴。有說彼二是顯教攝。往昔目錄。列爲顯經故。有說是密教攝。以靜命論師造有修法。又先須受長淨等與事行儀軌極隨順故。有謂佛部所攝自宗亦許爲密法。以一切陀羅尼總儀軌徧顯光明論中。亦攝爲密故。然爲何部攝。則無决定。

有說少字般若。是密教攝。以有牟尼牟尼咒故。是相似因。有說心經是密教攝。傳謂龍猛所造疏中。有釋迦佛爲正尊之曼陀羅。及傳謂達日論師所造疏。有十方佛繞般若佛母之曼陀羅。傳謂蓮花生所造疏亦如是說。并有八種現觀之灌頂等。皆是妄語。其遮魔法。亦屬臆造。

有說。「蘇嚕」一咒是佛妙色咒故。是佛部攝。然此是摘譯。難以決擇爲何部攝。

又金光明經。有說是密教攝。及佛部攝。有說是顯教攝。然在自宗屬密教攝。印度諸師。亦多作密教。又此有金光明最勝王經。三十一品。金光明經王二十九品。及金光明經王二十二品之三種。其敘品如一。又初經之辨才天女品。與後二經之妙音天女品相同。卽彼品中說妙音天女之修法。及增慧儀軌。又四大王衆護方品中。說毘沙門天之修法。及如意寶陀羅尼。并形像修悉地法。大吉祥天女。及大吉祥天女求財二品中。說彼天女之修法。及依彼求財之方便。藥叉大將品。說彼修法。及依像修悉地位。此等一切於三部經。皆無差別。

辛二 部主續

正謂曼殊室利根本續。彼有三十六品。說曼殊室利寂靜忿怒多種修法。亦說塑像方法。并授記如來涅槃八分舍利。及住持正法之士夫。

又曼殊室利修一勇識續。共有四品。彼說白色曼殊五尊修法。及黃色曼殊五尊修法。二種儀軌。又說依大孔雀修長壽法。防冰雹法。觀察夢兆。并依釋迦佛。依觀自在菩薩。依天子等。修種種法。又此第二品。與根本續。第二品。俱說塔像座中。安藏跋羅爲主。九藥义輪與財流天女爲主九女藥义輪之方便。此二曼殊法。乃至現在傳承未斷。然係摘譯。故無緣起及囑付品等。

平三 部妃續

光明天女及五種天女法等。有一光明天女陀羅尼。說咒及勝利。又有一光明天女經。解釋咒義及說修法及詳細儀軌。此二是事續。皆共信受。又幻光明者。有七百頌。傳謂從一萬二千頌本摘出。彼中宣說。二十五尊。十一尊。五尊之修法儀軌。依事續釋。有修軌及大供養法等。然於彼中。說有衆多生起次第。圓滿次第等。無上瑜伽之名。尚有衆多可疑之處。

五種天女陀羅尼者，謂摧壞大千、大孔雀、大隨求、寒林、攝受密咒天女等。此之釋論，寂靜論師造大隨求之修法、晝守護輪法，及五天女之修法。勝敵論師，造陀羅尼儀軌大隨求之修法、晝彼護輪法、五天女之修法、石女修子法等。

辛　四　部頂續

謂尊勝佛頂無垢、白傘等。尊勝佛頂有五：一佛頂尊勝經、二淨一切惡趣佛頂尊勝陀羅尼、三佛頂尊勝經、持死主杖四佛頂尊勝陀羅尼、五尊勝頂經。第一第三雖略有不同，然是同本異譯。謂在極樂世界，攝正法殿觀自在請無量壽佛說。二書皆說九尊修法。言持死主杖者。謂閻羅法王。發願隨護持彼陀羅尼者。第二是佛在三十三天說。謂彼有天子名善堅固。身現死相。自見七日死後。漸生猪犬等七趣。後墮無間。歸依帝釋。求其救護。彼云。我不能救導至佛所。請佛救護。從佛頂髻。放大光明陀羅尼聲。次彼天子於六日中。誦持彼咒永盡惡趣。一切業障。第四略說陀羅尼。及安置塔中法。第五說尊勝佛母。三十三尊之修法。現尚流行。

無垢佛頂陀羅尼。謂佛在覩史天宮時。三十三天。有一天子。名無垢摩尼藏。藥义星面告曰。汝七日死後生無間。當思從彼救護之方便。往求帝釋。告曰。我無能救。導至覩史。請白世尊。世尊爲說彼生無間受苦之相。衆皆恐怖。求佛救護。佛從頂髻放無量光。及陀羅尼句。幷說儀軌及勝利。解釋此者。有俱生遊戲論師之陀羅尼解及建塔印塔之儀軌。靜命論師造無垢供養法。又依續本文。有建百八塔之香木曼陀羅。及建五塔之香水曼陀羅之二釋。論則依別部。說三曼陀羅及依總部。說五曼陀羅。共爲八種無垢曼陀羅。

又白傘蓋有四。一曰如來頂出白傘蓋無能勝大遮止法。第二更於彼上加「最勝成就」。此二是同本異譯。後譯純正。謂佛在三十三天善法堂說。彼二皆有有無緣起之二種。前者傳謂天上說。後者傳謂人間說。其中所詮最完備者。爲最勝成就本噓羅伽嚩摩論師所造釋中。將咒分爲四段。謂明咒。總持咒。心咒。心中心咒。依此宣說四曼陀羅。現多依此派爲根本。然非全無錯誤。大德月論師所造修法。

畫護輪法，陀羅尼儀軌，施食儀軌，及幻化輪等，共十四種，皆是定量，又金剛座論師，造有解釋，金剛利論師，造護摩法。又蓮華鈎論師，及金剛鎧論師，造二曼陀羅儀軌，說受五佛戒等，故非純淨。傳謂大德月所造之曼陀羅儀軌，受四大灌頂，是藏人僞造。白傘蓋中所說之具善棒及具善三兄弟等護法，即持捧摩訶哥羅護法。

熾焰佛頂者，即曼殊室利根本續一品分出。

黑色佛頂者，傳謂藏地非人之所造。

裝塔像之陀羅尼，藏人有說，凡佛頂類之陀羅尼，裝於像頂，眉毫摩尼陀羅尼，安眉毫處等。然於自宗，上部密教之陀羅尼等，即安上分。

辛　五　男女明王陀羅尼

一時世尊在淨居天宮。由佛加被曼殊室利。宣說尊勝明王祕密續。廣有一萬二千頌。略有三千頌。二皆不在人間。最略有千頌。二十一品。此說琰魔王。六種曼陀羅。及各種事業儀軌等。又準提陀羅尼。及幢頂莊嚴等。皆是此類。

辛六 男女使者續

此有多子陀羅尼。賢門陀羅尼。摧伏惡人陀羅尼等。又有不動經九品咒等。多誤。

辛七 佛部之菩薩者

如觀音菩薩。雖是蓮花部。然佛部曼陀羅。亦有之。此類之續。如八大菩薩。各各百八名經。又如曼殊百名經。彌勒誓願陀羅尼等。

佛部天龍藥叉等續

如大雲經、有百千品。藏譯一品、說龍王曼陀羅，及多種儀軌。又如財流母、宿曜母、出生甘露陀羅尼之施水法續、謂佛在王舍城時、賢護長者、捧持香水、投諸藥華、白世尊言、維願加持此水供養一切諸佛菩薩、及施六道一切有情、生大功德。世尊遂入出生甘露三摩地。此說六咒六印六三摩地、而爲加持。又有救護餤口鬼陀羅尼、謂佛在劫比羅城、多根樹園。爾時阿難陀、住阿蘭若、至後夜分、見一餓鬼，口吐火餤、告曰、汝七日後、死生地獄。還白世尊、爲說施食陀羅尼及儀軌。又緣起如前、有餓鬼女、作如是說。啓白大師爲說陀羅尼及施食法、名餤口女陀羅尼。更有智星、施水法等、有以「啊迦尼」咒、施水中有者全無依據。又有毘那耶迦陀羅尼。及毘那耶迦續十二品。彼說二臂毘那耶迦。及四臂毘那耶迦等之修法。又說依毘那耶迦修財愛敬降伏等法。先覺等亦許爲佛部所攝。又大黑天續八品。是六臂大黑天不共法。醜目天王請。馬頭明王說。有許此屬佛部所攝。有許是蓮花部攝。以是馬頭鳴王說。六臂。亦卽觀音化身故。

庚二 蓮花部 分五 辛初 部尊 二 部主 三 妃 四 男女明王 五 男女使者

今初 佛在舍衛國。爲曼殊室利說。是上方無量壽佛百八名號。及稱讚功德。有三嗡咒及二嗡缺「嗡補那耶補那耶」等大咒之二。有說一是西方極樂世界無量壽佛咒。一是色究竟無量壽佛咒。然不應理。二者俱說。是上方無量佛咒故。二嗡咒。是中間缺斷百八名號未全非續異也。

又無量壽甘露鼓音陀羅尼．是佛爲苾芻說極樂世界無量壽佛百八名號．及稱讚功德。此等皆是部尊之續。

辛二 部主續

觀音根本大續．名大悲蓮花網續．謂佛在薄達羅山頂說。分十二品．說十一面觀音．一千四百一十七尊．曼陀羅等．二十七種根本曼陀羅．及此旁流衆多曼陀羅。

又有不空羂索．詳細儀軌續．謂佛在薄達羅山頂說．僅譯二十四卷。廣說陀羅尼儀軌．及消災等種種修法。又有不空羂索陀羅尼者．即廣續中摘譯．非是異續。又有廣續．佛在薄達羅山說。未譯完本．內說一曼陀羅。

又觀音獅子吼陀羅尼．廣略二種．略者是在金剛座說．廣者是因自在光王．身遭惡癩．爲治彼故．曼殊菩薩請佛在薄達羅說。此等皆是觀音法類。

辛三　部妃續

正謂一切佛母度母．種種事業續．三十五品。第三品中．有梵文度母．二十一禮讚。有說彼別譯二十一禮．不同別譯．是無上瑜伽續。日護論師．作無上瑜伽解。故釋論雖如是解．然不須與彼不同。譬如稱讚曼殊室利眞實名續．歡喜金剛論師．與語自在稱論師．作瑜伽解時。輪大疏中．作無上瑜伽解。提婆菩薩亦引「阿是最勝字」等文作圓滿次第義解故。

又有度母百八名號續。為救有情八怖畏故。金剛手菩薩，請觀自在菩薩說大德月論師，依此造度母百八修法，及息災等事業法。依二十一禮造二十一修法及事業法。度母法類餘尚衆多。

辛四　男女明王續

如馬頭明王七十品等大續，藏地未譯，唯摘譯「訶耶伽唎嚩」陀羅尼。又有葉依山林母陀羅尼，及略儀軌。又有「跋羅那沙嚩日經，」略說修法儀軌事業。藏中唯此三種。

辛五　男女使者續　如不退大力經，及大吉祥經等。

密宗道次第論卷二終

密宗道次第論卷第三

克主大師著　法尊法師譯

（庚三）金剛部（分五　辛初）部尊（二）部主（三）部妃（四）男女明王（五）男女使者續

（今初）唯有淨一切惡趣阿閦鞞陀羅尼。但此究是佛部、或金剛部、尚須觀察、然補敦大師等先覺、皆以彼作金剛部尊。更無餘續可資表明。

（辛二）部主續

部主謂金剛手菩薩。彼有金剛地下續、三譯不同。其二十五品者、是薩迦班禪所譯十三品者。是聖慧譯師所譯。其七品者。是鷄面苾芻譯。

又有金剛手降魔續。金剛猛續。此有本續後續再續三種。又金剛摧壞陀羅尼二十五頌。是出諸譯師造成。有師說此是在金剛座說佛密論師說金剛座是降魔成佛處。非於處說。是佛在金剛須彌峯說。此峯純以金剛所成。在最勝山東南方隅。時因未生怨王。弒害其父影勝大王。制立非法。令諸衆生造不善業。因此世間善神衰敗。惡神強盛。災疫流行。人民痛苦。四大王衆請世尊說救護方便。佛敎金剛手思惟救護。時金剛手。仗佛神力承佛加持。現金剛摧壞明王身。宣說此續。共一百零八品。藏中所譯僅是初品。此品是本。餘品是釋。故續云、「一切續根本。」亦是說此初品是餘一切品之根本。非說是四部一切續之根本也。又有金剛須彌樓閣陀羅尼、亦是金剛摧壞之釋續、非百八品攝。此等皆是部主正續、餘者尚多。又穢跡金剛陀羅尼者、薩迦班禪等頗為重視。而補敦大師等、是否眞淨、作為可疑。

辛三　部妃續。

有燄然母陀羅尼。

辛四　男女明王續。

有甘露軍荼利法。

辛五　男女使者續。

大力陀羅尼。金剛純、金剛嘴、金剛霹靂等、是眞淨續。大力陀羅尼、似是明王陀羅尼。然諸先覺皆作使者解。餘如金剛鐵嘴．黑鐵嘴．熾然趐鵬等．皆係僞造。

巳二世間部分三．庚初有財部。

如賢寶陀羅尼及彼續。又損處王續．宣說黃色藏跋羅陀羅尼及灌頂禮法等。又勝舞將續等。有說此是威猛毘沙門天王者．不應正理。續說世尊在楊葉宮．爾時會中有息勞天子名勝舞將．時毘沙門天王爲眷屬臧故．啓請世尊宣說明咒。世尊身放無量光明．照無邊世界．次光回入息勞天子頂．勝舞將．剎那變成大忿怒身．在世尊前自說明咒。世尊加被．令有大功力．并廣宣說彼事業等．其十品以上皆明勝舞將明咒及諸事業。第十一品是藥义大將．請白世尊．問毘沙門天王異名世尊加被金剛手菩薩。次金剛手說毘沙門天極多異名。其中亦有息勞一名。故勝舞將。是毘沙門之子非毘沙門。第十三品及十五品宣說毘沙門儀軌及事業等（事業即息災增益愛敬降伏等法。）所餘諸品更說餘事。藏中尚譯衆多餘法。

庚二　藥叉部

有曰「梅喀雷」陀羅尼者。是佛王舍城時。有一羅义恐怖羅睺羅。尊者畏懼。往世尊前啓白世尊。世尊爲說「梅喀雷」陀羅尼是一藥义所獻明咒。

庚三　世間部

有明咒王。名大息者。謂「後夜。有一切鬼王。名刼比羅。外伸其齒。詣世尊前白言世尊我是一切鬼王若我餓時便吐毒氣所觸衆生定遭疾疫以彼命根而爲我食若有知此明咒者便不受此毒氣所害維願聽聞次說其咒又發誓願不放毒氣作近事男

戊二 總事續

此有四續一祕密總續二蘇悉地續三妙臂問續四後靜慮續前前續廣後後減少

其祕密總續宣說灌頂等未成熟者成熟之方便以其廣說佛部曼陀羅等共說三部一千五百大曼陀羅又廣說事續與上三續一切曼陀羅之所共須觀地等法及加持等法此續是一整文未分品段

蘇悉地續說修蘇悉地明王辟魔等業以彼明王爲所說法故名蘇

悉地續。此廣宣說修明咒儀軌．及修無邊事業成就法。事續防護法．幷所應守持之三昧耶等。

妙臂問續，略說祕密總續中未曾說及之曼陀羅．幷蘇悉地續未曾說及之修明咒法。更廣宣說依於息災增益愛敬降伏等無邊事業．修成就之法等。妙臂是金剛手之子．一生補處之菩薩也。

後靜慮續，是事續中金剛頂髻大續之一段。亦有說爲彼續之後續（即釋續也）者也。此說十事．一修行處所之相。二我之眞實。三明咒之眞實．四天之眞實．五住火靜慮．六住聲之靜慮．七聲後授解脫之靜慮，八趣入修明咒之儀軌．九護摩儀軌．十灌頂儀軌等。其我之眞實等三事，廣明事行二部中最要之四支念誦法。住火等三種靜慮。是事行二部修事業之正行。趣入修明咒之儀軌。是明正行前之加行法。及完時之結行法。

若欲了知由事續成佛之道次第。必須了知彼四續之義。然當隨從何論師行耶。答。雖有堪爲量準。如大德月論師。靜命論師等之著述。然後唯著小雜之儀軌。故於天竺共許善巧事續名如日月者。有二論師。謂佛密論師及勝菩提論師。當隨彼行。佛密論師。著有後靜慮續釋。及妙臂問續略義釋。文義淨忘錄等。勝菩提論師。著有蘇悉地略修法釋。（以上十事於咒道次第廣明）

丁二 事續之灌頂及受戒建立

無畏生論師。於灌頂儀軌金剛鬘論。正說若受華鬘。水。冠。杵。鈴。及名六種灌頂，則於事續行續諸經，聽聞講說，皆得自在。由此即顯事行二續。除彼六外無餘灌頂。智點續云：「水及冠灌頂，共許於事續。杵鈴名灌頂，更於行續說。不退轉灌頂，顯在瑜伽續。」此說事續唯有華鬘水冠灌頂。行續之中，彼上增加杵鈴及名三種灌頂。瑜伽續中，唯於彼上，加不退轉金剛阿闍黎灌頂。無餘灌頂。無上續中，其上更有三種灌頂。若爾云何羅睺羅論師等，說事行續有阿闍黎灌頂耶。答彼於授記、安慰、隨許等，說名阿闍黎灌頂，非眞阿闍黎灌頂。以圓滿德相之金剛阿闍黎灌頂，須先受三昧耶及如理灌頂，五明灌頂。次與三種大三昧耶。三三昧耶者，一杵三昧耶，二鈴三昧耶，三印三昧耶。金剛杵三昧耶者，謂先令修金剛薩埵，次由宣說金剛眞實授金剛杵令彼執持。鈴三昧耶者，謂說鈴之眞實令其執持印三昧耶者，謂授與明妃令修樂空。其瑜伽續與無上續雖二俱有金剛阿闍黎灌頂，瑜伽續中鈴杵三昧耶與無上續無大差殊。然印三昧耶差別極大。彼瑜伽續中印三昧耶以修天身便名大印，故唯令弟子修金薩埵身。無上續中印三昧耶雖修天身亦是大印，然須更修與金剛界自在明妃抱持樂空，乃是金剛阿闍黎灌頂正行。如喜金剛第二章云：「智慧滿十六，以手正抱持，等合杵及鈴，阿闍黎灌頂。」故下三續部中，況眞實明妃，即於所修天女觀想抱持及入定等皆未宣說。又現在盛行之事續灌頂，如佛部中五大明王大白傘蓋摩利支天，蓮部中勝敵論師傳無量壽九尊法，金剛部中金剛手降魔法，幷沙嚩日巴所傳白色摧壞金剛等灌頂中，隨傳事部何種灌頂，先修地法及加行法。次傳華鬘、水冠、三種灌頂。其後授記、慶慰、隨許，傳與不傳皆不相違。有於彼等全傳四種大灌頂等，應知唯是臆造邪法。

又灌頂法，瑜伽本續攝眞實經云：「入此金剛界大曼陀羅，不須觀察是器非器。」有誤解此便於一時爲法非法器傳灌頂者，是大錯謬。攝眞實經四義，金剛頂經釋云：「法非法器中是法器者，令入壇場幷爲灌頂。」非法器者，唯令入壇不應灌頂。又於唯令入壇不與灌頂者，慶喜藏論師所造曼陀羅儀軌金剛生論云：「亦不應說汝從今等。」謂亦不應令發誓願。

是否法器之差別者。無畏論師曼陀羅儀軌金剛鬘論中謂能不能受戒。然燈論師所造集密曼殊金剛曼陀羅儀軌四百五十頌寂靜論師釋云。「受戒有二。謂受共不共戒。共者。謂歸依發心。受菩薩戒。」謂先傳歸依。次傳願心。再傳行心。次唯爲灌五明灌頂。又云「不共者。謂五部所攝戒等。」此謂總受五部律儀。若能受持各別戒者「應更令受持明律儀。圓滿爲灌金剛阿闍黎以上三種灌頂」若不灌金剛阿闍黎灌頂。則不須受五部律儀。若受五部律儀。當灌金剛阿闍黎灌頂。於事行續之灌頂。定不應受五部等戒。故蓮華鈎與金剛鎧論師。於白傘蓋曼陀羅儀軌說受五部戒者。不應取爲定量。祕密總續中。亦唯宣說皈依發心受菩薩戒。又如前說上二部續。灌頂道理、佛密論師大日經疏、於事行兩部亦說、不能受戒者、唯令入壇、能受戒者、令受如前所說共戒、爲灌名以下之灌頂。總其俱不能持共不共之戒者、唯令入壇、全不灌頂、是瑜伽本續攝眞實經、釋續金剛頂經、及曼陀羅儀軌金剛生論三中所說。無上續曼陀羅儀軌四百五十頌釋亦說。事行兩部亦同斯理。佛密論師於大日經疏中說。若不灌金剛阿闍黎灌頂、唯灌五明灌頂者、亦不須受五部律儀。若受五部律儀、則須傳受金剛阿闍黎灌頂。是寂靜論師、毳衣大師、寶鎧論師、慶喜藏論師、無畏論師等所說也。

若全不灌頂、唯令入壇、有何益耶。答、若受皈依、以淨信心見曼陀羅、能淨多劫所集衆罪、植妙習氣、爲未來世能入甚深咒道之法器、有斯大益。事行兩部之五明灌頂，與瑜伽部之五明灌頂。雖同名五明灌頂，然義各殊，而有極大勝劣差別。

蘇悉地經說事續三部中。若得佛部灌頂，未得餘二部之灌頂，雖可通修三部諸尊誦咒聽經等，然必須得彼尊之隨許。若得蓮華部灌頂，未得餘部之灌頂，可修兩部諸尊念誦聽經等。然於佛部不得自在。若得金剛部灌頂，未得餘二部之灌頂，唯可修金剛部諸尊念誦聽經等。於餘二部未能自在。

何爲事行兩部受灌頂時所受共戒耶。答，謂受菩薩戒，與以儀軌受行菩提心同。若由修力於內相續已發行心，然未以儀軌受戒，仍無律儀。言此爲共戒者，謂顯教大乘與密咒大乘，任入何門皆須受持。

卽於密部四部續中任入何道。亦皆須受卽無上續中。生起。圓滿。任學何道。亦皆須受彼戒。故名共戒。

於何時受。堪爲定量之論中。共有三說。一弟子加行與正入曼陀羅。二時俱受。二唯前時受。後時不受。三唯後時受。前時不受。

以何語受。金剛慢帳續云「我歸依三寶。懺悔一切罪。隨喜衆生善。誓受佛菩提。我乃至菩提。歸依佛法僧。爲行自他利。今發菩提心。已發最勝菩提心。我請一切諸有情。修勝可憶菩提行。爲利衆生願成佛。」又有多種集密曼陀羅儀軌。及無畏論師曼陀儀軌。金剛曼論等。唯以初頌受行心戒。亦有多種曼陀羅儀軌以彼全文而受彼戒。若唯以初頌受者。則當爲說前三句文明受行心之加行。「誓受佛菩提」一句。明以儀軌受願行二心。若用全文受者「誓受佛菩提」一句為總標。從「我乃至菩提」至「我請一切諸有情」句。明以儀軌受願菩提心。「修勝可意菩提行」一句。明以儀軌受行菩提心。其以儀軌受願心時。唯立誓云「我為利益一切有情願當成佛」猶非滿足。須更誓云「我所立誓未至成佛誓不棄捨」。若以儀軌由如是誓而受願心。則於學處必須修學。謂晝夜六時思惟歸依發心勝利。及斷四黑法。修四白法等。若不斷四黑法。是令後世不生發心之因。非捨現法已受之發心也。若爾由何令捨發心耶。答若捨饒益一切有情之意樂。及捨欲得成佛之意樂。即捨發心。

若以儀軌受行心戒。則應善知菩薩律儀諸根本罪。及支分罪等。殷勤守護。未灌頂前，應當憶念如上所說受菩薩戒義，隨師三誦。末句完時，則於相續引生戒體。若不如是憶念彼義，則不能生菩薩律儀，犯者不能還淨。未生菩薩戒者，定不能生密咒律儀。若於大衆授發心時，應先宣說七支願等，文義勝利，令善定解。至正行時，應囑付云，「當念為利一切有情，發成佛心，隨我念誦」，令其隨誦。由發為利一切有情願成佛心，能獲大福。若未以儀軌受殊勝願心，（即「乃至成佛不捨誓願」之心）則無違越學處之罪。若未得上二續部之灌頂，唯得事行隨一部之灌頂者，除菩薩戒外，別無可護密咒律儀。下至若無斷十不善之戒，及護五學處鄔波索迦戒，上至若無近圓別解脫戒，則定不能得菩薩戒，故得事行兩部隨一灌頂者，則必具二戒。其能捨戒之根本罪。即菩薩之根本罪。然別解脫戒與菩薩學處所未能攝事行兩部。尚有衆多應護不共之三昧耶。如蘇悉地經說。若得瑜伽續及無上續中。金剛阿闍黎以下灌頂者。必具三戒。其根本罪。則菩薩戒根本罪。及密咒十四根本罪。一切皆是。若事行部戒。除菩薩戒根本罪外。無餘根本罪。則與阿底峽尊者之攝三昧耶論。說事部三十根本罪等。有相違過。答彼尊者所造。如云。「別解根本罪四。菩薩十二。事部三十。行部十四。瑜伽部十四。大瑜伽部十四。又四。又五。共正七十。」此列九十七。而云七十。數且錯謬故。又云「我三昧耶金剛師長云」等。三昧耶金剛。非阿底峽尊者之師故。

丁三 得灌頂受戒已修道之建立。

下三續部中。全無生起次第圓滿次第之名義。生起次第者。唯順佛果五種德相。現前修習。猶非完足。須順生、死、中有。三所治事相。而修瑜伽。下三續部中。雖有順果位五種德相。現前修法。然無順生死中有。三所治事相。而修瑜伽。故無生起次第。圓滿次第者。唯修諸法空性。及修風息瑜伽。猶非完足。須由風、息、入、住、融。於阿嚩都帝所生空樂妙智。及從智起之天身。幷引彼不共方便。擊身之殊勝瑜伽三法隨一。下三續部中。雖有修空性。及修風息瑜伽。然無彼等。故無圓滿次第。下三續部。各有有相無相二種瑜伽。

事續修道之法 分三。戊初 有念誦靜慮。戊二 不待念誦靜慮。戊三 善親近已修悉地法。初又分三。己初 四支念誦之加行。己二 正行。己三 結行。

今初 先修四事。一誦結總部之咒印。二頂禮十方一切諸佛菩薩供養自身。三歸依發心。四以咒印守護。次往室外盥洗等畢。還入室中。著諸法衣。安往本座。加持供物。守護自身及處所等。此代上部修守護輪。

己二 正行分二 庚初 修自生起而作承事 庚二 修前生起獻供養等。

今初 先依中觀離一異等正因。決擇修習自心性空。是謂我之眞實。次以所修天（本尊）之眞實。與我之眞實合無差別。修無自性。是謂天（本尊）之眞實。此二眞實。卽六天中之眞實天。（六天依次廣明）是代上部。誦性淨咒與空性咒等。修習空性。次想空中所修本尊。體是本尊。相爲所誦密咒之聲相。專一緣住。是謂聲天。次想自心於虛空中爲月輪相。上有所修本尊體是本尊相爲所誦咒文。純金色相。是謂字天。聲天字天隨修大咒。心咒。心中心咒。皆可也。次觀咒文放無量光。其端放出所修無量本尊相。淨諸有情一切罪苦。供事一切諸佛菩薩。光明諸尊。還入諸字月輪及字變成所修圓滿之天身。是謂色天。修自生起作承事時。除單修正尊不須別修眷屬及宮殿等。次若知者。應以各各印咒。觸著加持頂髻毫相二眼二臂喉心臍等。若不知者。隨是三部中何部。卽以彼部總印咒。加持彼等。是謂印天。此代上部加持六處。次令天相明了。堅固我慢。（此非煩惱之慢假名爲慢）專注而緣。是謂相天。此等總代上部。五相成身也。藏諸先覺。說事續中。無修自爲本尊法。唯於對方修習本尊從乞悉地。名從主取悉地。行部之中。雖有自生起法。然無於彼令人智尊。以及灌頂部主印定等。故於對方不修昧耶尊。唯迎請智尊。獻座供養。而乞悉地。名從伴而取悉地。瑜伽續中自生起爲天入以智尊灌頂。部主印定。後仍送聖。無上續中。自生起爲天入以智尊灌頂。部主印定。後不遣送。就生起儀軌四種不同。建立四部等。其所依憑。謂集密釋續集智金剛經云。「若離智慧薩埵勝妙安樂。及離自爲尊慢而修習者。是爲事部。」補登大師云「佛密論師於事續中說自生起。意或是謂事行不違。應當觀察。」未能決斷。然我自宗。許事續中若自生起、及入智尊灌頂、部主印定、一切皆有故佛密論師、引大日經及金剛手灌頂經者、非因共許之事續、無可引證而引彼經。以後靜慮釋中、引金剛頂髻續、及金剛摧壞廣續、說修六天法、而善解釋無不許彼二爲事續者故。攝行論亦云、「事續金剛頂髻」故。又說行部亦無自生起者、誠爲非處之邪解、現前相違大日經等故。若事續中無自生起者、則與廣續金剛頂髻略續後靜慮金剛摧壞廣經略攝續、聖成就續等顯說六天之修法、及以四支承事修靜慮法、勝菩提論師與佛密論師、謂餘事續雖未顯了、亦多說彼等皆成相違。又後靜慮中說四支承事時云「住聲心及事」、此「事」若非修自爲天、則大日經中顯示彼時云、「此事住自天應於自身觀」。此事亦不應修自爲天。若爾行續亦應無自生起，自許相違。又勝菩提論師於蘇悉地修法云「若不能修自爲本尊遺庸俗慢，及不能修一切諸法眞實空性，全不能成息災等悉地。」金剛手灌頂續亦如是說，故事續中若無自生起，則依事續應全無有悉地可成。又龍猛菩薩所造千手千眼大悲觀音修法，說自生起入智慧尊灌頂印定，無著菩薩所造兩種彌勒修法，吉祥苾芻尼所造十一面觀音修法，寂靜論師勝敵論師所造五大陀羅尼修法皆說修自爲本尊，入智慧尊灌頂及部主印定等。又修法海論百修法論一百五十修法論等，所說事續之修法中多說自生起法。故皆爲此等。又事續灌頂時，應不堪請降智尊，弟子不堪入智尊故。又應不堪受事續之灌頂師資俱不堪修爲天故。若爾則與汝造五大陀羅尼等灌頂儀軌中·修師爲天·修弟子爲天·及於身中安立諸天等·皆成自宗相違。又霞嚩日巴所造白色金剛摧壞多尊曼陀羅儀軌說承事法時·阿闍黎修爲本尊·於灌頂時·修弟子爲本尊·亦成相違。又安密咒大乘勝出顯教大乘之色身同類因·亦應不具·以不完具修自爲本尊法故。又事續部·應不完具修果爲道之法·以現在不修順果位圓滿相故。又事續部·應不完具變貪爲道之法·歡喜金剛第二章·與三補札說四種貪。配四續部時·說諸尊互視之貪爲道·是事續部·若不自修爲本尊則無是事故。集智金剛經義·非說事續若自修爲天法·與入智尊·是說事部·有不自修爲本尊·與不入智尊·唯於對方本尊供養取悉地之法也事續通常所化心難信受修自爲本尊之鈍根種姓不說修自爲天爲說於前修爲本尊取悉地之法若是事續正所化機則定爲說修自生起等同佛密論師所說

若說事行兩部俱不可入智尊者則違金剛手灌頂經說若有勝解本尊身語意與自身語意全無差別修習堅固則身一切行動語一切言說皆得等同結印及誦咒之福若自不可入智慧尊云可勝解智尊三密與自三業無差別者極相違故

若事行兩部可入智尊及可灌頂部主印定云何佛密論師與勝菩提論師俱未說耶答但未親說須修非說不須修故不能立爲不可不修

自宗事續通常所化機，不自修爲天，唯於對方修有本尊取悉地者，非修圓滿道，僅修一分道，事續正所化機修圓滿道者，若不自修爲本尊則道體不備，故自生起定不容少。其入智尊，及灌頂部主印定等，是圓滿支分，故未能修亦無道體缺殘之失。

又修「命力」下三續部亦有之，然與集密龍猛派中所說之「命力」及時輪等餘無上續所說之「命力」三種義別。下三續部所說之命力云何，如大日經，與佛密論師疏中所說「命」謂根門所行之息。「力」謂分別於諸餘境散亂流轉息及分別，俱不使向外流散，於內攝持者，是防護或滅除命力之義。於何時修者，謂於有相瑜伽時修。又於彼中何時修者，謂於事行部作承事時，修六天之後，或於前生起之後，而修習之。爲何益修者，謂爲滅除庸常之顯現，耽著，故須堅固緣自身爲本尊，能堅固此，須滅分別令不外散，滅除分別甚深方便，謂息是心馬，能向內攝息，則心自然能住，故修「命力」一如何修者，謂具身扼要，向內引上息至臍而壓，向上引下息至臍而持，意緣本尊專一安住。次息不能持時，意緣本尊放息休憩。次仍向內持，如是而修，下三續部之命力，與無上續之命力，修習之時，所爲修法，三皆不同。

庚二 修前生起獻供養等 分六 辛初 生起所依，辛二 請能依尊奉座安住，辛三 顯示契印，辛四 供養稱讚，辛五 修懺悔等，辛六 修四無量。

今初 於自前面瓶等有無皆可，總須觀想衆寶所成地基，金砂徧布，誦「嗡哆拉毘吽娑訶」而加持之。次想彼上有大乳海離諸污穢、蓮青蓮等、香華莊嚴。衆多寶鳥飛集其上。誦「嗡毘摩拉達訶吽」而加持之。次想海中有蘇迷盧四方四面、有金銀、流璃、頗胝所成梯級嚴飾。周匝編植如意寶樹、懸飾千數尊勝幢幡、次想其上有大蓮華、衆寶莊嚴、雜寶爲瓣、黃金爲蕊。頗胝爲珠、蓮實之上、銀文圍繞。量有衆多踰繕那量、從蘇迷盧中心而出、外有百千萬億俱胝妙蓮華網。從禮拜合掌、互相交义右手大指壓左大指、誦「南摩薩嚩達塔迦達曩、薩嚩塔。鄔達迦得、薩帕羅拏、嘿忙、迦迦拏康娑訶、」百遍加持。上有寶蓋剎那而想。次於華上起妙宮殿完備衆相於內生起各各座具於宮殿中亦可生起尊勝法塔光明塔等。

辛二 請能依尊奉座安住。

須以閼伽迎請。故應先修閼伽。其器爲金銀等。又適一切皆吉祥者。謂赤銅器。若求息災及上品悉地。於內應設大麥及乳。若求增益及中品悉地。應設胡麻及酪。若求降伏及下品悉地。應設牛尿粟米。或用自血。通一切業皆吉祥者。謂用稻穀妙香。白花茅草。胡麻淨水。用熏香熏。次明於王咒三部總咒。各部一切事業咒及迎請咒。隨用一種誦持七遍加持閼伽。次向前方有像等處頂禮。膝輪踡地。諸指交互而仰其掌。伸豎二食指。搖召二大指。爲迎請印。誦云。「由信三昧耶。世尊速降臨。受我閼伽供。惟願歡喜我」。於誦咒後。加「鄂醫醯」捧閼伽器。若是佛部。齊頭供獻。於餘二部。平胸及臍而獻。觀想召請如自之智尊。咒者．蘇悉地經說．以明王咒．召請天子．以明王妃咒．召請天女。或以各各咒召請．或總用部心召請．尤爲最勝。三部部心．如其次第．「即拏即迦鄂翳醯」．「阿熱黎迦鄂翳醯」．「䟦嚕羅底迦鄂翳醯」．又蘇悉地奉請品說．所請本尊．或立．或座．或曲躬立．亦應如是伏奉閼伽迎請．若未能備如經所說之閼伽．應乞忍恕隨力而請。次以座蓮華印．誦「唵迦摩拉耶娑訶」等咒．於所請諸天．獻隨宜座。延請令座。先請智尊延令坐已．次修三昧耶尊者．二大論師皆未宣說．故不須修．非不可修。

辛三　顯示契印．

次誦「嚮迦惹薩摩耶娑訶」．應以右手拇指按壓小指．豎餘三指作金剛杵形。顯示三昧耶印。次應顯示三部契印。誦「一卽拏卽迦」一等。三部心咒印者。兩手互交相握爲拳。顯示二拇指。又卽彼印。將左拇指向內隱藏。示右拇指。及示左拇指。如其次第。是三部印。次結諸部大三昧耶印而爲旋繞。能從一切魔礙所作損害。作大防護。應如是行。若未能者。則用當時明王之咒加持芥子而驅魔礙。

辛四 供養稱讚 分三 壬初 供養 壬二 稱讚

今初 諸所供物先當遣魔。清淨增威而後供養。事行部及瑜伽。并無上瑜伽。奉獻供養之數量次第。契印等多有不同。事行兩部獻供之數量。次第契印等云何。謂向內互鈎二小指與無明指。二中指併伸。鈎二食指觸其第三節。二大指輔其上。結此契印。誦云「善逝薄伽梵．請來於此座．受我閼伽供．願心垂哀愍．我敬仰於尊。」於本尊咒後．加「阿岡札底乂娑訶。」奉獻閼伽。又右手作拳伸食指與大指．如鉗形狀．於洗送水器取華．次諸指漸放之印．仍誦前頌．唯「閼伽」處改誦「浴足．」咒云．「嗡般迦惹薩迦讓跋當札底乂娑訶。」奉洗足水。次若能備者．應以鏡照影．爲奉洗浴．若不能備或助供者．則諸餘伴平仰其掌．食指與大指二端相合．作浴身印．誦「嗡薩囀．得瓦達耶．阿臻底．阿彌達．娑訶」而浴其身。次意想奉衣及莊嚴具伎樂供養．意唱諸讚詠。次右手作施歸依印．左手執其腕作塗香印．誦「此妙香天物．清淨從淨生．受我淨信供．維願慈愛我。阿訶囉．阿訶囉．薩囀．尾耶．達日布集底娑訶。」奉獻塗香。除燈明外．餘三供養．

可依閼伽咒變改。兩手諸指互相叉。二食指端於手內相觸。如環形。大指輔其側。狀若蓮華。結成奉華印。誦「此妙華天物。清淨從淨生」後二句同前。而供妙華。兩手之小指。無明指。中指等向內曲。背甲相合。二食指旁伸。二大指輔其側。為燒香印。誦「可意林精華妙香天中物。受我淨信供」等。以供燒香。平仰兩掌。微屈二食指。為奉食印。誦「可意藥精華。此請密咒食」等。以食品大指與中指合豎手作拳形。為燈明印。誦「摧諸害吉祥。善妙除黑闇。我以信心奉。願受此燈明。阿羅迦耶。阿羅迦耶。尾耶達日布集底娑訶。」供奉燈明。又閼伽等諸供物。若非現有。經說唯以咒印。運心觀想。而為供養。卽現有諸供。亦須運心為先。故心意供養。最為殊勝。（以上諸印咒。可參考蘇悉地經。及彼供養法）。

壬二 稱讚

蘇悉地經說。應讚歎三寶及三部主。應如是讚。「敬禮諸如來。依怙具大悲。一切智大師。福田功德海。敬禮寂靜法。淨故離貪欲。善故除惡趣。專一眞勝義。敬禮諸僧伽。解脫說解道。善住諸學處。勝田具功德。敬禮妙吉祥。奉持童子身。慧燈善嚴飾。徧除三界闇。敬禮常悲愍。名號觀自在。諸佛極讚歎。普集勝功德。敬禮持金剛。大力忿怒身。善性持明王。降伏難伏者」。更以當時本尊別讚。讚歎本尊。更誦讚歎咒一百返。「南無薩嚩補達薄底薩埵尼。薩嚩達囉。三咕[口+姑]彌達。伊尾買囉。希尼。拏摩都得。娑訶」

辛五　修懺悔等。

當修懺悔。歸依，隨喜。請轉法輪。請佛住世。發願迴向等。

辛六　修四無量

當修四無量。發菩提心。供養稱讚之後。又修懺悔等。又修四無量發菩提心之義者。如上續部。奉正行供養之後。受五部戒等。是以懺悔防護住清淨戒。卽是最勝供養。因以正行供養。能使所供之境生最勝歡喜故。此亦如是。

此等已修。念誦之支分。次正念誦中。須具四支念誦。如後靜慮經云。「住聲。心。及事。」事支者。謂將咒輪。安住誰心爲所依事。卽天身也。其中分二。自修爲天。名爲自事。修前方生起之天。名爲他事。此二於四支念誦中各爲一支住心支者謂於前方生起之心中觀想自心爲月輪相住聲支者謂於彼上觀所誦咒之字形次數珠者佛部以菩提子蓮華部以蓮華子金剛部以嚕挪囉义子爲最勝此若無者餘亦可用數以一千零八或一百零八或五十四或二十一善加持已如法念誦

念誦之法（分二） 一緣於字形念誦二緣聲念誦（初又分二） 一緣前起心中之字形念誦二緣自已心中之字形念誦

（今初） 如前所說防護命力由具四支念誦門中同時俱緣前方之身及心中月輪輪上之字而爲念誦放息之時不應誦咒令心安住自修爲天之身次仍如前攝息念誦

第二．

觀自前方．非距太遠．較自略高處．前方生起之心中．月輪上所立咒鬘．入息之時．同時移入自己心中．乃至未放出息者．緣彼念誦．出息之時．觀想月輪咒鬘．隨風俱出．住前方本尊之心。次當如前移入自心．緣彼念誦。

第二緣聲念誦．

先當觀想念誦之四支．次俱不緣密咒字形．月輪．天身．唯緣咒聲而念誦。又非如他念而我聽。自念誦時、須觀彼咒自發聲也。緣咒聲念誦法．有意念與微念二種。釋論中說．「若防命力．不能微念」。故先當微念．若心不散亂．次防命力爲意念誦．依粗漸修。釋論又說．「先於天月咒鬘三事有三所緣次於月輪咒鬘有二所緣後唯緣聲有一所緣」雖是一人亦應漸修此三種正念誦時當如何行如妙臂問經第五云「念誦不應太急緩聲非太大及太小非共人語非散亂非缺伊鄔嚕啊等」又云「若心不善懈怠貪及於別境散亂轉應從彼彼速遮止令緣密咒最勝字」蘇悉地經云「正念誦時除其本時天等所緣雖餘殊勝所緣亦不應作意」又息災增益應低緩誦修降伏法他能聞聲誦念誦時量謂上午誦一時初夜後夜各誦半時日中或誦半時或三分或四分或略念誦念誦滿後護摩尤上念誦數量蘇悉地經云「十五字數內總應依字數誦爾落义遍三十二字者應誦三落义若字多於彼先修一萬遍」非獨本尊者

則不須爾又念誦時若有惛沈或口或嚏或有謦欬或放惡氣或欲便利無間置珠起行彼事作灑淨法從首重念以上所念不入念數目蘇悉地經說若由放逸誤念餘尊亦應令心明了重首念誦若著魔障遭諸病苦懈怠放逸身心疲厭違於法則所說時節不防攝心及不潔淨所作念誦夜有惡夢若晝未誦部主百遍所作念誦皆不得入念誦之數又說若於一處念至半數次移餘處續念半數雖已滿足一切念誦然彼一切皆無大義又念誦時從出半日輪至一人影日中者謂念八時或念九時（此時甚短也）午後從一人影至沒半日輪從沒半日輪至半初夜分是初夜修法時從半明相至出半日輪是第二時間於中夜分應作猛利事及不現身等法并諸尸

林事。違上之時．應作息災等法。除彼諸時．餘時念誦．不得入數。又供養法中引經文云．「念誦念誦畢．於部母部主．應誦二十一．恆時而守護。」三部之部母者．謂大佛眼．白衣母．及麼麼計。

巳三 結行．

應以瓶印．將自善根供奉本尊爲成就因。有謂以此印供奉數珠者．是全未觀察。然念誦畢．須將數珠置本尊前．除住潔淨念誦之時．不應握持。次請忍恕及奉送等。

於正修時既念誦已．漸放捨之次第者．應逆修六天之次第而捨．謂緣所誦咒聲者．以緣咒字而捨，彼由緣月輪而捨．月由單緣天身而捨。前六天身．由純思自己天身而捨。自起之天身．由單思心間咒字而捨彼由緣聲而捨。聲由緣本尊之智身而捨。彼由緣法身而捨。彼亦無所得。應緣我之眞實。次思異熟身如幻化陽燄等顯現。是漸收所緣。最後安住於空性。次如幻起。故捨放時。非不任持本尊之慢。如是修等。是代無上續時收攝之法。次應讀誦般若等經。印塔像等。於日日中。洗諸供器。所供萎花。三時掃除。其上衣等。每日三時。或洗或熏。或爲洒淨。念誦。護摩。供養等時。及除眠臥。常著上衣。除眠及浴。不脫下衣。莫令塵污。又令童女爲搓合紅線。以俱遜婆（紅紫華）染。或紅花染。（鬱金）結金剛結。誦「嗡阿訶羅阿訶羅。奔答尼。虛迦惹。答羅尼。悉答惹。退娑訶」一千遍。於夜睡時繫在腰間。能防失精。

密宗道次第論第三卷終

密宗道次第論卷第四

克主大師著　　法尊法師譯

戊二　不待念誦靜慮　分三　己初　住火靜慮　己二　住聲靜慮　己三　聲後能給解脫靜慮

今初　何等補特伽羅修，謂修六天究竟者修。何方法修，謂自修爲天之心間，修一火燄，光明熾然，猶如脂燭，其中有自心，能證我之眞實。相爲所誦咒聲之相。究竟之量者，謂雖不受用諸外飲食，而無飢渴逼惱。內依煖樂，生三摩地。

己二　住聲靜慮

自修爲天之心間．月輪之內．修一微細天身．如自身相。其心又想光明熾然．如然燈燭。其中更修咒聲自明。此與有念誦時緣字聲音不同。彼是徐誦．或是意誦．緣自念誦之聲。此非自誦．是緣火內咒聲．如在旁聽。住火定時．亦與此同。此修相是咒聲之相．體是自心爲體。此先緣天身等．漸令明顯。次不思惟天身等相．唯持心於聲．住火定時．是於火聲二事持心．究竟之量者．譬如修天究竟之時．一切主伴身色印器等．無雜頓現．較眼現見尤爲明顯。此究竟時．咒字聲音非次第現．頓現於意。較耳親聞聲相尤顯。此上皆是有相瑜伽。

己三　聲後能給解脫靜慮

總其止觀雙運三摩地．是顯密兩乘修道棟梁。在顯乘中．要先修奢摩他。止成就已。依之進修毘鉢舍那。觀成就時。卽是止觀雙運。（如瑜伽與集論亦說先觀後止者。是約初禪根本定之止與眞見道之觀而言。釋難如菩提道次論止觀次第決定科。）一四部續咒之中皆未別說修止方法。亦不須說。以修本尊瑜伽。卽成圓滿奢摩他故。在上二續部中。究竟粗細二種本尊瑜伽時。卽亦成就圓滿奢摩他。在事行二續部中。替代彼者。卽修六天。住火。住聲靜慮。究竟之時。卽能成辦。以修住聲靜慮之力。能直引生身心輕安。成就圓滿奢摩他故。事行續部。修身大印。修語密咒。修意眞實。三密之中。初卽修六天。有念誦靜慮時。緣咒字聲及緣字形等。雖亦是第二。正謂緣火緣聲二靜慮時。緣咒之聲。第三謂緣意眞實義及無相瑜伽。幷住聲靜慮。後由修空性法身同類之因、能給法身之解脫、故名　聲後能給解脫靜慮。一彼三義同。

有相靜慮雖至究竟、然彼等中、無眞對治能斷生死之本。故爲斷除生死之本、尚須無相瑜伽。欲修此者、全不須修本尊身等世俗之相。善巧空性、止修觀修、如教授而修也。由修彼力、若能親引身心輕安、即成圓滿毘缽舍那。

戊三　善承事已修習地法

若修益智延壽、等息災增益及降伏法、先當承事、次乃作業、此是四部之通規。若修延壽、能至無量大刼等諸大悉地、則須究竟有相無相二種瑜伽。僅修療病驅魔等成就、則不須爾也。息災增益降伏之業。當以佛部蓮華部金剛部如次而修。上中下悉地亦如是修。又三部中。一一皆可修上中下三品成就、及息災增益降伏三種。當各以自部部主部母及部明王、修息災等三品成就。有多門分別、就自性門。謂持明神通。遍知經論等是爲上品。修隱身形。采取菁華、疾行法等。是爲中品。攝召他人及殺逐等、是爲下品。就相狀門。若物光焰、煙氣温煖。是爲三品。就事體門。謂身物財寶悉地。就說者門。謂聖人說。諸天人說。地上神說。給成就者。雖是上品。然由行者不善精進念誦承事。給下悉地。若善承事。雖是下者。轉從餘求給上悉地。蘇悉地經說「若如法觀夢。夢見三寶。或見本尊。或見菩薩。或見四衆。或見登山。或見乘象。或見渡河。或見得財。或見得衣。夢見此等可愛夢時。當勤修行。若修本尊瑜伽之時，減少飢渴，解脫病厄，增益勝慧，威光煥發，常得瑞夢，夢事諦實。愛樂念誦，少諸疲倦，身出奇香，樂修功德。深敬本尊，是修念誦將成就相。」後靜慮經說：「若不信，懶惰，飢渴，掉舉，心極逼惱，作業疑惑，不樂念誦，不樂靜慮，愛著談說，作不應作，遭魔侵擾，常夢惡夢等，是令本尊遠離之因。寂滅貪瞋憍慢諂誑等，於念誦法，心恆安住，是令本尊趣近之因。」

丙二 行續建立分二 丁初 顯經之差別 丁二 學道之次第

今初 一切行續之主，謂毘盧遮那現證菩提經。彼是誰說，於何處說。謂釋迦牟尼佛圓滿報身毘盧遮那佛，在華藏莊嚴世界色究竟天厚嚴宮說。金剛手灌頂經略說華藏莊嚴世界之粗相，大方廣佛經中廣說。謂總合百俱胝四洲世界。（十萬萬四洲）爲一三千大千世界。再合百俱胝大千界。爲一華藏莊嚴世界系。再合百俱胝甲系爲一中系。再合百俱胝中系爲一大系。再合百俱胝大系爲一圓滿華藏莊嚴世界相。（十萬萬萬萬萬萬萬萬萬四洲）

此經是佛部之經。宣說毘盧遮那曼陀羅宮內外三院。主尊面向西門者爲首。共說三曼陀羅。此有後續（卽釋也）略說兩曼陀羅。行續蓮華部之經。藏中未譯。金剛部中。有金剛手灌頂經。共許無諍。其青衣金剛手經與金地下經等。補敦大師等。謂可疑處。

丁二 學道之次第 分四 戊初 爲令成就修道法器受灌頂法 戊二 成法器已清淨律儀及三昧耶 戊三 住三昧耶先修承事 戊四 善承事

已修諸悉地 初二 以與事續共故如前已說 戊三分四 己初 有相瑜伽 己二 無相瑜伽

初謂未修空性攝持之本尊瑜伽。次謂有修空性攝持之本尊瑜伽。非純修空性。以純修空性。不能成佛。說無相瑜伽。俱能成就二悉地故。修有相瑜伽前。雖已先修空性。唯爾亦非無相瑜伽。

己初 有相瑜伽 分二 庚初 外四支念誦 庚二 內四支念誦

今初 先修自心性空我之眞實。與本尊性空天之眞實。二無差別。次於空中。修習心爲月輪相。於上思惟嗡字金色。從彼放光。收復自成毘盧遮那。一面二臂。結入定印。身黃金色。光鬘圍繞。坐白蓮華及月輪座。持髮髻冠。上衣下衣。皆著絹縠。是爲自事。亦說刹那頓現。次於自前修一如來。如同自相。是爲他事。於彼心中。修我自心。爲月輪相。是住心事。其上安布所誦咒字。是爲住聲。緣彼低誦。或默意誦。於天持心。意念誦時。當護命力。如是部說其念誦數。謂一落义。

庚二 內四支念誦

先於空中。從亥阿闍惡四字。隨一而起。如前。或起釋迦牟尼佛。是爲自事。心中想一清淨月輪。如兩面鏡。於此得堅固者。謂修自身乃至能見爲本尊之身。次於月中修如前說毘盧遮那。是爲他事。次於彼想我自心爲月輪形。是爲住心。次於月上。思惟咒字。是爲住聲。此中亦修二種念誦及護命力。俱如上說。念誦落义爲量。

已二 無相瑜伽

以離一異等理。決定了解一切諸法。自性本空。卽當修此定解相續。修彼之後。由修有相瑜伽究竟。本尊身像明現於心。猶如現法。心略趣向。不待功力。空有雙俱顯現。如幻本尊天身。乃至能引毘鉢舍那。應勤修習。修習如是無相瑜伽之法。廣如大毘盧遮那經及佛密論師略疏中說。此亦順於修中觀法。

戊四 善承事已修諸悉地

此經宣說依劍等外物。修劍持明等。及於內身諸處修地水火風諸輪。作息災增益等事業。修妙吉祥等。得彼菩薩摩頂授記。或讚善哉。乃至未成精勤念誦。後見彼事。得不忘失大菩提心妙三摩地。及說多種修彼等悉地方法。

丙三瑜伽續建立分二丁初轉瑜法輪相丁二學道之次第

今初瑜伽部成佛之相已說。瑜伽部轉法輪之相，住色究竟天，毘盧遮那佛，是具五決定圓滿報身，除色究竟不往餘處。然彼示現毘盧遮那四面化身，往詣須彌峰，金剛寶樓閣，坐最後有菩薩所化獅子寶座，不動佛等餘四如來，亦坐最後有菩薩所化象王等座，轉妙法輪。其一切瑜伽部經，攝為三類，一根本經，二解釋經，三同分經。其一切瑜伽經之根本，即攝眞實會。初說緣起，明二利圓滿毘盧遮那。今於彼果，發欲證心，發彼心已，後一切經，即開示證彼之方便。根本經說修世出世成就之共方便，分四大品，一金剛界品，二降三世品，三遍調伏品，四義成就品。其中有如來與如來種姓二類。言如來者，謂

通五部如來言如來種姓者．唯指毘盧部之菩薩等．不通餘四部之
菩薩等。第一品中．顯示如來及如來種姓之道。第二品顯示金剛種
姓．卽不動部。第三品顯示蓮華種姓．卽彌陀部。第四品顯示成滿有
情欲樂之寶種姓．卽寶生部之道。具有五部．根本經中僅說四部者．
佛密論師說就成滿有情意樂．門說爲寶部．就作業門．卽羯摩部。故
將作業作者攝爲一部。此有一後續及一後後續。其後續者．爲諸愛
樂內三摩地瑜伽最勝所化機說。廣釋前四品中．修勝悉地之方便。
及未滿足者．增補而說。後後續者爲諸恐怖內三摩地瑜伽．愛樂念
誦供養等外事下劣所化機說。廣釋前四品中．修世間悉地之方便．
及未滿足者．增補而說。

問。立四續部有二理由。一謂於沐浴潔淨等外事。及內瑜伽二事之中。爲愛樂事所化而說者。名爲事部。於諸外事及內瑜伽二事之中。爲樂等分行所化而說者。名爲行部。於彼二中。爲諸愛樂內三摩地瑜伽所化而說者。名瑜伽部。爲專愛樂內瑜伽所化而說除此瑜伽。更無過上之瑜伽。名無上瑜伽部。今瑜伽部後後續。爲樂外事所化而說實屬相違。

答。譬如集密經之所化。有究竟生起次第已。全不希求諸共悉地。而更進修圓滿次第。希求現法得大悉地。最勝所化。猶如珍寶補特伽羅。及有究竟生起次第。希求共同八大悉地等中下所化。如白蓮等四類補特伽羅。所攝化機。有斯二類。今瑜伽續所化機正副二者之中是就正所化機而立非依副者故無過失。

問四品之道爲就異體四補特伽羅耶抑就漸引一補特伽羅四位不同耶

答最勝大疏云「修持念誦五如來者本性仁賢三毒等分行。佛部行者貪欲增上。第二品之所化（即金剛部行者）瞋恚增上。第三品之所化愚痴邪見。第四品之所化慳吝增上。是約異體四類補特伽羅。其說第四品所化爲慳吝者之文則此論師與佛密論所說意極符順。又大疏中以自性異熟受用變化之四身如次配合四品之種姓。如是又以大圓鏡平等性妙觀察成所作四知如次支配。又以菩提心布施度般若度精進度如次支配。是就所得果說。若如是者則一一所化．皆須具足四部．故等分行等．四類所化．一一皆是四品所化之機。

現證毘盧遮那位者．四大品中．一一皆為樂廣中略三類所化。說最初加行．勝曼陀羅．最勝事業．三三摩地．各有廣中略三種修法。其廣修法．各有四類三三摩地．謂於各品大曼陀羅．陀羅尼曼陀羅．法曼陀羅．羯摩曼陀羅時．各說初加行等三三摩地。故一一品皆有四類廣修三三摩地法。其四中修三三摩地者．謂各品四印曼陀羅時所說三三摩地。其四略修三三摩地者．謂各品一印曼陀羅時所說三三摩地。（附表如下）

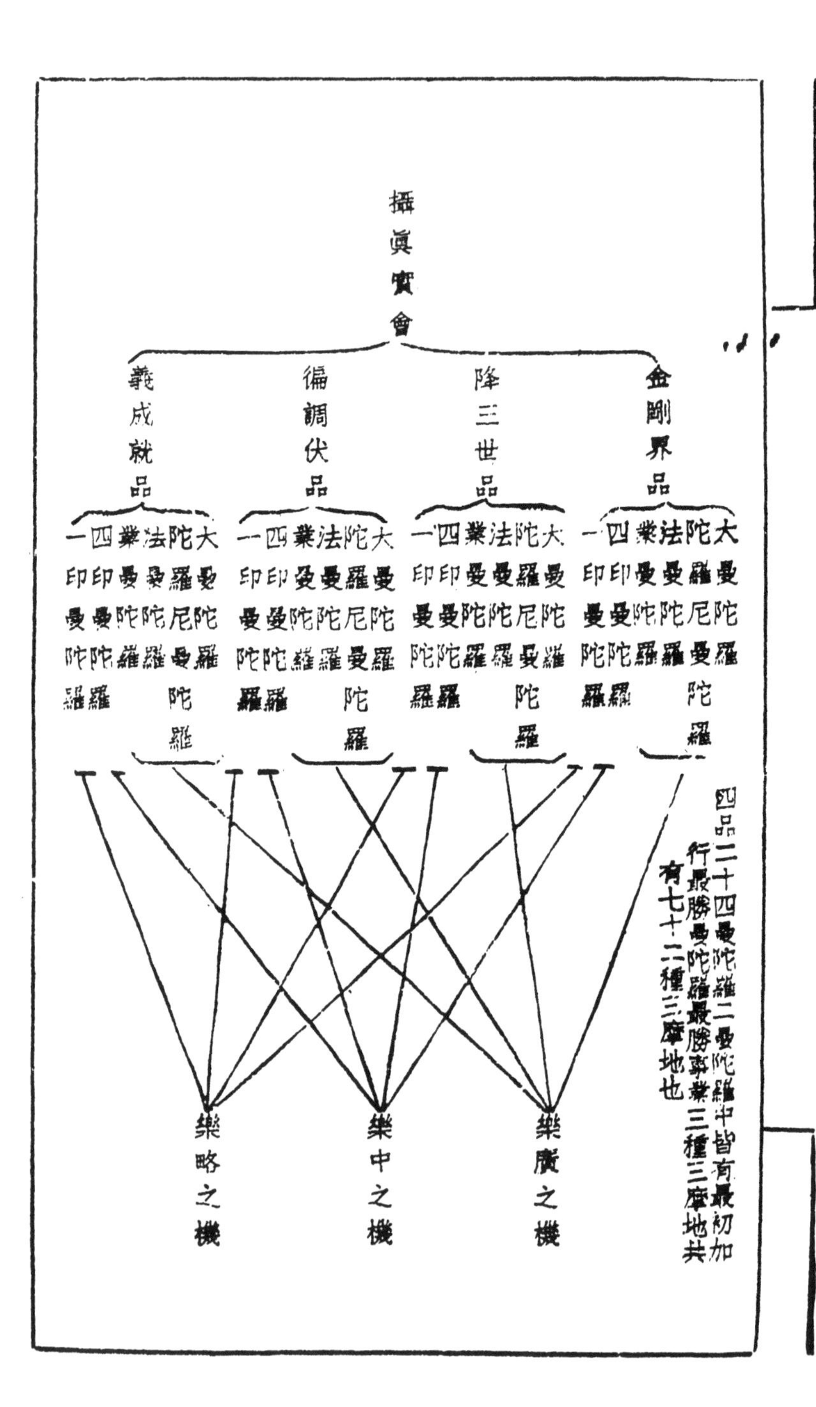

攝真實會
金剛界品
降三世品
遍調伏品
義成就品
大曼陀羅
陀羅尼曼陀羅
法曼陀羅
業曼陀羅
四印曼陀羅
一印曼陀羅
樂略之機
樂中之機
樂廣之機
四品二十四曼陀羅二曼陀羅中皆有最初加行最勝曼陀羅最勝事業三種三摩地共有七十二種三摩地也

眞實光明論以四品之四部配爲四印謂身是大印意是三昧耶印語是法印業是羯摩印故四品與四印如次而配又將四曼陀羅如次配合四印以大曼等四曼陀羅如其次第特重於身語意業故此等是以毘盧不動彌陀及餘二部爲身語意業例如金剛界品曼陀羅雖特重其自部佛身大印然非無佛意三昧耶印故說四印印定餘品諸曼應知亦爾毘盧遮那雖重其身然非無語意業三故有四印印定不動雖重其意亦有身語業三彌陀雖是語亦有身意業三所餘二部雖重其業亦有身語及意故皆以四印而印定阿嚩達惹論云「以此次第重明身等四故雖說四曼陀羅然多無離身之心及離身心之語故各曼陀羅應知皆有身等四分故於四部一切曼

陀羅、皆有身等幖幟。如其次第、即此所說大三法業之四印也。」（總觀上說、謂四大品一一品中、皆有四曼而配四部、一一曼中、各有四印而配四部、換言之、即一一品皆包四部、四曼四印、一一曼亦皆通四品四部、而包四印。一一印亦皆通四品四部四曼。一一部亦通四品而有四曼。四印以身語意業不相離故。約其迴互通攝、雖其如是、然亦非全無獨勝側重之點。故四品四部四曼四印、亦可各別支配圓融、無害於特勝故。）

若能詳知彼等差別、則能了知最勝大疏、將四品之道、有時說為一補特伽羅成佛之緣、有時說為各別補特伽羅之道、皆不相違。

瑜伽續中但有順依果位之修法、而無依順所治染品受生次第之修法。

圓滿五相證菩提後，修成毘盧遮那佛。（此指儀軌中之修法）一一別配，往昔成佛之事跡者，三大論師皆未宣說。然圓滿五相證菩提後，乃至成毘盧遮那佛之次第等，謂十地菩薩之事。以後諸事謂成佛後之事。（指儀軌中之修法）則是慶喜論師眞實光明論之意趣，順成佛後之事。修本尊時，若無四印印定，則缺修道之支分，故略開說也。

丁二 學道之次第 分五 戊初 四印之訓釋 戊二 差別 戊三 次第 戊四 印定之所爲及勝利 戊五 如何印定之相

今初 印定謂不可違越義。修本尊法須四印印定者，謂不可違越彼修法也。

戊二 差別

有大印三昧耶印法印業印之四。又有三種．一所治根本印．二能治道印．三治已果印．一所治根本印中．凡俗之身意語及彼等之所作．如其次第即大印．三昧耶印．法印．業印之正所治事。又貪瞋癡慳四如其次第．別配大印等四所治事。其理由者．即如上說貪增上等四類有情．如其次第．即四品所化之機．四品如次配四印故。又地水火風四界．如其次第．別配四印之所治事。其理由者．以四印別配四品四部。以地界清淨即毘盧。水界清淨即不動．火界清淨即彌陀．風界清淨即義就故。二能治道印中．四品別配四印．以初品所說諸道重在佛身大印之道。二品所說諸道、重在佛意三昧耶印之道。三品所說諸道、重在佛語法印之道。四品所說諸道、重在佛事業印之道故。又一一品中、大曼等四、別配四印。以大曼所說三三摩地等諸道、重在佛身大印之道。如是陀羅尼曼陀羅、法曼業曼所說諸道、如其次第、各別重在佛意三昧耶印。佛語法印佛事業印之道故又一一曼陀羅中、毘盧遮那等一一尊、皆印四印。一一印中、皆有所表義與能表印之二。能表印中又分外能表印與內能表印之二。故一一印、各有三種、其大印中毘盧遮那等、各尊色身之相、是所表義。依順彼身安住之相、結手之行、是外能表印。與彼同時明了觀想、自為彼尊之身者、是內能表印。三昧耶印中、觀想彼尊佛意無分別智、現為幖幟之相者。是內能表印。於法印中。彼彼諸尊演說八萬四千法蘊之六十種音聲。是所表義。修彼彼尊舌喉等處安布諸字。是外能表印。觀想彼彼諸尊之語。現爲字想。是內能表印。三治已果印中。果位身意語業之四。如次配合大印等四。又四智與四印亦如次支配。其理由者。以四智配合四品四品配合四印故。又四身與四印亦如次支配。理由謂四身配四品。四品配四印故。」

戊三　次第

觀起三昧耶尊。入以智慧尊者。乃印四印。非印單三昧耶尊。或單智慧尊。以印四印之義。是令智尊之身語意業與三昧尊之身語意業。和糅無別。隨於一尊無可和故。自起前起。二者皆然。最勝經云「於彼印此印。彼印成此性。」金剛頂經云「一切上或下。少分應棄捨。」一切上謂智慧尊。下謂三昧耶尊。少分謂一切分。不應印定也。慶喜藏論師派以三昧耶印。法印。業印。大印次第而印。佛密論師與釋迦親論師二派。以大印。三印。業印。法印次第而印。藏地先覺說彼二師之意者。多是未解彼二論師之意。有說彼二論師所說非理。如大疏上云「以三昧耶印修。以法印安立。以業印令作業。以大印令久住相而爲安立。」又一一尊皆以四印。及召入縛愛灌頂。加持三摩地。供養印、心、咒、明、共十六門而生。彼二論師派中不具十六門故。此說非理。以未能宣說三昧耶印修等之義爲何。次第決定應爾之理由。等同說云。「彼二師派。不應道理。不順慶喜藏故。若爾反難慶喜藏派亦不應理。不順佛密故。當如何。答。又須宣說依彼二師派修。不具十六門之理由也。

問。若爾。於汝自宗。彼二諸師所許云何。

答。如入中論云。「心滅彼當以身證」。須依圓滿報身而證法身。故先以佛身大印而印。未證法身。不能任運作諸事業。故第二印三昧耶印。證法身已。事業任運無功用轉。故三印後而印業印。六十種音演說正法。是事業之主。故業印後。印以法印。

問。若爾。汝宗慶喜藏論師所許云何。

答。由三昧耶印。自與本尊先未無二。新令修成。住眞實義。故當先印三昧耶印。若能專一住眞實義而語無威力。猶不能策出世諸尊作諸事業．故法印第二。若意安住眞實語．有威力．乃能作諸事業．故業印爲第三。由大印故．於自與本尊無二之義．安住等至。若先未成無二．則不能住無二深義．故印大印．於最後說。

問．若爾．自宗當依誰修．

答．二者皆可．然依曼陀羅儀軌金剛生論修者．則須依順慶喜藏師派修。

戊四　印定之所爲及勝利

所爲之主要．謂將凡庸之身語意事．變爲佛陀之身語意事。

戊五　如何印定之相

此有生印之因．印之自性及結法．成就之因．成就自在之因。出生之因者。經說一切三昧耶印。皆從金剛縛出生。有說。「阿嚩達嗟論。憍薩羅莊嚴論。說金剛縛是一切印因者。意在疏因。」慶喜藏論師說。非定爲因者。意在親因。次說先結金剛縛。從彼而結毘盧遮那三昧耶印。次不放解先結之金剛縛。卽從毘盧遮那三昧耶印。轉結餘尊三昧耶印。從彼依次轉結餘印。」此不應理經及金剛生論皆說。「一切三昧耶印。從金剛縛出生。」又云。「結金剛縛已。」加於一切三昧耶印之前。故有說誦。「班嘇嗟（嚩日羅）薩埵。」結金剛縛而加持眼。不應道理。「班嘇嗟薩埵。」非加持眼咒。是結金剛縛之咒。故金剛生論說。「班嘇嗟堤利札底茶。」爲加持眼咒。故一切三昧耶印。若一一印前。不須一一結金剛縛者。則一一印前。亦應不須一一別誦「班哆嚧薩埵」咒。故誦「班哆嚧薩埵」當結金剛縛。誦「班哆嚧提唎札底茶」當想加持自眼或智慧眼觀瞻智尊毘盧遮那現住自前。次誦「唵班哆嚧達底穴嚧」結毘盧遮那三昧耶印。誦「哆吽鍐賀」依此召入縛愛自與智尊成無分別。次誦「班哆嚧薩埵」想毘盧遮那後有日輪幢。誦「班哆嚧薩埵三昧耶當阿賀」自與智尊住無二體之慢。印此諸印之後有說印訖一切尊之後想一切尊心間各各有一最初五股金剛。然修行時彼不完足應於印完之後即修毘盧遮那佛意無分智於月輪上爲白色五股金剛之相。緣彼心一境性誦三總咒及三別咒緣彼久住是成印之因。次以正理分析自內蘊等皆空而修習之是成就自在之因。

出生法印之因。謂念誦聲音之行印定之法。謂想彼尊喉中從「紇哩」一字。變成八葉紅蓮。向舌一葉。變成舌根。上有白色五股金剛順舌而臥。誦「唵班嘮噠唧賀」加持。於金剛臍上。有「班嘮噠賈拏」等。各各法印之字。安布纏繞。語誦法印諸字。是印定法。爾時身印結作大印。是補敦大師及具善山派之軌則。有人難云。「法印之時。全無宣說。須結身印。」此不應理。最勝經云。「或立或安坐。或卽如是住。一切貪瑜伽得一切悉地。」大疏釋云。「由誦眞實當修自尊之形。或立或坐。言一切貪瑜伽者。此謂本性清淨自性。由如是修何所成耶。曰得一切悉地。謂一切部諸尊法印當能成辨一切悉地。」言「誦眞實」者。謂語中持誦法印諸字。「自尊」者。謂所印之尊立坐等形，當順彼等，結身相印。心當安住眞實空義。彼三同時和合，乃是出印之因。若不結大印，則不完備成印之因。故於此中，破結大印極不應理。法印自在之因，謂身當明了，觀所尊相。意當專緣眞實深義。從甚深明顯無二之中，舌及金剛合觸上腭，從彼放出微細金剛量如小麥，住鼻端上。乃至可見可觸之相應久修習。依止法印，能成諸大悉地，是爲法印自在之量。

出生業印之因，謂金剛拳印。定之法，謂於左手金剛拳上，置右手金剛拳，以蓮繞爲先，結彼彼尊無嘌幟之大印，誦各各咒，解印彈指，觀想作業，成辦之因，謂結印時，想彼諸尊心中各各有一羯摩金剛。信解彼印成所作智自性。自在之因，謂身一切威儀，勝解由舞躍等事，天供諸尊語一切言說。勝解由歌唱等事。天供諸尊。一切飲食等事。勝解以諸尊與空性無二爲體。現爲色聲等相。天供諸尊。應依正念正知。恆常修習。由如是修串習堅固。則身語一切威儀。皆能成辦諸尊事業。是爲自在。

出生大印之因。謂正爲金剛拳。印定之法。謂結安住本性大印。卽大菩提印等。成辦之因。謂於彼彼諸尊心中各各修一五股最初金剛。自在之因。謂於深顯無二之本尊瑜伽。乃至獲得堅固而修。意謂此等易知。故論未明說。

問毘盧遮那印定之後。以不動印時。爲卽自修毘盧遮那相而印耶。爲變爲不動相而印耶。若如前說。是印毘遮那。非印不動。若如第二。

爲東面不動至中東位空修耶．爲修二不動耶．

答．謂自不改毘盧遮那相．而結不動之契印．觀不動智尊．住於面前。幷於自修召入縛愛。如是不動與智尊．和雜無別．亦卽自與智尊．和雜無別。以修自與不動爲一體故。由是於餘根本諸尊．亦當了知。

丙四 無上瑜伽續建立 分三 丁初 分爲二續 丁二 別分之義 丁三 修所詮義

今初 律儀生經金剛幔經佛頂經等．以無上續爲所分事．分爲瑜伽續及瑜伽母續。時輪經等．以無上續爲所分事．分爲方便續與般若續。金剛心莊嚴經等．分空行父續與空行母續。此等之中瑜伽續方便續空行父續等．義同名異。又瑜伽母續般若續空行母等亦同義異名也。故瑜伽與無上續二未別分、共云之瑜伽續及於無上總續、名大瑜伽續、與以無上續為所分事、分出之瑜伽續、其名雖同、義各差殊、當善分別。

丁二 別分之義 分二 戊初 破除他宗 戊二 安立自宗

今初 有說無上續為所分別事、分為父續、母續、無二續之三。三續互違、是此即非彼。由能詮文之差別別分三續。由所詮義之差別別分三續。由請者之差別、別分三續。初者就無上續、凡於序分以「如是我聞」一起首之經、定是父續、如集密經。凡於序分以「最勝密歡喜」一起首之經、定是母續、如勝樂經。其根本續（歡喜金剛之根本續也）第二會中、有「如是我聞、」一不共之釋續金剛幔中、有「最勝密歡喜。」共同釋續三補札中．俱有「如是我聞」與「最勝密歡喜」．故是無二之續。為證其意．謂是黑行論師所說也。（總之．此家心意．以無二續為最高深捷密．自所宗仰為歡喜金剛．故宛轉完成彼為無二之續．亦如天台家之崇法華．賢首家之尚華嚴．皆出一己信樂之所好．非堪嚴密理智之觀察耳）。破此極非理．勝樂之經．亦應成無二續．以彼根本續中有「最勝密歡喜」．其不共之釋續中有「如是我聞」．共釋續中．俱有彼二故。若云許者．應不應理．以汝先許彼為母續．又許母續與無二續互乖違故。又歡喜金剛經．亦應成父續等．（以如是我聞為起首故）妨難甚多。

第二由所詮義之差別．別分三續中．有以生起次第之差別．以圓滿次第之差別．以隨行淸淨之差別．別分三續。初者．以無上續爲所別事．若曼陀羅．凡五如來現天女相或以天女爲其正尊．或眷屬中天女數衆者．卽是母續。若曼陀羅凡五如來現天子相或以天子而爲正尊。或眷多是天子者．卽立爲父續。引證金剛幔云．「一切諸佛陀．空行母勝衆．爲成五空行．說空行母經。」「諸佛」謂五如來．「空行母勝衆」謂顯天女衆多．「爲成五空行」謂顯五佛現天女相．義謂演說能成彼事空行母經．彼續雖未直說父續．然由宣說母續之力．亦說父續之義。

破．爲證彼說．引如是文．極無係屬。彼經之文．是爲開示修行金剛幔中。略部曼陀羅五尊而說。言空行者。非唯指天女。
以圓滿次第之差別安立三續。謂凡正詮說曼陀羅輪圓滿次第之經。即是母續。凡正詮說空點及微細瑜伽圓滿次第之經。即是母續。凡是俱重詮說二種之經。即無二續。舉例如前。許互乖違。
破。其曼陀羅輪圓滿次第謂依外印修圓滿次第。則勝樂經亦應是無二續。以依外印修圓滿次第勝樂經歡喜經二無差別。空點及微細瑜伽之圓滿次第。勝樂經中尤廣說故。若云許者。則與許互乖違。而成相違。
以隨行清淨之差別安立三續。謂若無上經。凡正宣說蘊界處清淨之經。即是父續。凡正說脈清淨者。即是母續。凡俱正說二清淨者。即無二續。舉例如前。

破。其勝樂經與歡喜經立不立爲俱非父續母續。無二續之差別。不應道理。以勝樂經說脈清淨。是汝已許。如歡喜經宣說修無我天女十五尊爲蘊等自體之清淨。勝樂亦說修色蘊等十七。爲十七尊之自體。是蘊等之清淨。更過此之清淨。卽歡喜經亦未說。故若許如前。（能自許相違）故以彼差別不能安立。

第三由請者之差別安立三續。謂男尊請問。如集密經。卽是父續。由女尊請問如金剛亥母請問之勝樂經。卽是母續。如第一會由金剛藏請問是男尊請。其第二會由無我天女請問是女尊請。以男女尊俱請問故。是無二續。亦許互違。

破，若爾，集密經亦應是無二續，以根本經是男尊所請，其四天女所請釋經，是女尊所請故。若許如前。（成自宗相違）又二會中初會應是父續，次會應是母續。

又以能詮文之差別，安立三續，說是黑行論師所許，亦不應理，彼所許義，謂諸經首，雖有「如是我聞」及「最勝密歡喜」等文句不同，然緣起（即序分）文皆詮空樂無別，爲顯自性清淨無差別故。說云「意金剛宣說自性無差別」，汝欲以彼說作以序分安立三續之理由全無係屬。

又有隨學時輪經釋，矜爲彼宗，謂無上續中分父續母續，是不了義，不可如言取義。凡是無上續，定是無二續，乃是如言了義。既如是許，而又於無上續、分父續母續無二續之三。安立彼三之理、謂若曼陀羅、表示晝夜相等清淨、故說一切主伴諸尊面臂相等之無上續、是爲父續、如集密經、若曼陀羅表示前後節氣清淨、故說主伴諸尊面臂多不相等之無上續、是爲母續、如勝樂經。由上說力、若曼陀羅主尊父母面臂不等、眷屬父母面臂相等之無上續、是無二續。如時輪經。謂彼皆是時輪所說。」

破此不應理、集密經亦應成無二續、以凡是無上續、定是無二續、乃是如言了義故。若云許者、應主尊父母面臂不等、眷屬父母面臂相等、是所許故。故時輪經非說無上續中分父續母續爲不如言不了義、是說彼經自分父續母續之法、以無上曼陀羅中、召入智尊之時、說男尊動作瑜伽母不動者。立爲父續。若有曼陀羅中。召入智尊之時。說瑜伽母動作。男尊不動之無上續。立爲母續者。是爲引導以彼相教化之所化。暫就他故。作彼建立。故彼非如言是不了義。又時輪說。由晝夜相等清淨。說一切尊面臂相等。及由前後節氣清淨。說一切尊面臂不等之曼陀羅。以彼安立父續母續。實無係屬。彼經義者。謂彼經所說。集密曼陀羅及幻網曼陀羅。一切諸尊面臂相等者。以彼支配時分清淨時。謂表晝夜相等清淨。故面臂相等。又彼經所說。勝樂大小曼陀羅中諸尊面臂不等者。以彼支配時分清淨時。謂表前後節氣清淨。故面臂不等。是說曼陀羅清淨也。（非說以面臂相等不等而安立父續母續。故引彼爲證。全無係屬。）

戊二　安立自宗

無上續中，方便智慧無二續之「方便」，與父續爲方便續之「方便」，二名雖同，義實不同。二中單分之「智慧」，與母續爲智慧續之「智慧」，二名雖同，義亦各殊。何爲二中單分之「方便」「智慧」？答：其方便者，謂大樂俱生智慧，謂通達一切諸法無自性智，故凡是無上續，定以如是方便智慧無別爲所詮義。集密後續說諸菩薩衆請問大師，云何無上瑜伽續之瑜伽義，大師答曰：「方便慧等轉說名爲瑜伽。」故以如是之方便智慧，不能安立爲父續母續。以是因緣，時輪經釋與金剛心釋說，「集密經應非父續，歡喜金剛經應非母續，以彼二經，俱詮無二無差別故。」如前說之「方便智慧無別」不各別計，即以彼爲所別事，而分父續母續爲二也。何爲父續與方便續義同之方便，何爲母續與慧續義同之慧。

答：當先明其慧，金剛幔第十品，諸眷屬等白大師言：「世尊！瑜伽母續之名，云何而轉。」持金剛告曰：「般若度方便，此謂瑜伽母大印善和合，轉入眞實，故名瑜伽母續。」當釋其義，大印者，謂此中大樂俱生智。彼於何和合，謂由轉入眞實門中而善和合，如是樂空無分別之和合，說名瑜伽（瑜伽即相應和合等義）。其中「母」者，謂二身之中，法身不共之同類因，以是顯品方便分與空品慧分二中之空品慧分，故名曰母，由以如是空品慧分之樂空無分別智爲正所詮，特重宣說，而不特重宣說顯品方便分色身不共同類因之幻身及修彼之方便故說名瑜伽母續。由是因緣安立母續者謂正詮空品慧分樂空無分別智而不特說顯品方便分幻身及修法等之正續或彼類攝之無上續。

問何爲父續與方便續義同之方便。

答如空行海經云「瑜伽續王中知彼彼軌別光明幻幻身我爲世間說。」今釋彼義先當云說由誰說謂我持金剛說。說何事謂修幻身之方便。爲誰說謂爲諸所化世間何中說。謂於無上續所分瑜伽續與瑜伽母續之諸瑜伽續王中說如何而說謂特重宣說。明相增長證得光明順規生起逆規起時從四空智所乘五色光息修幻身之法等。由如實了知彼彼軌則之差別從光明定起幻身之法也。總說其義、謂雖亦是廣說空品樂空無分別智之經、然尤重廣說顯品方便分、從四空智所乘五色光息、修行幻身之正續。或彼類攝之無上續、略明彼例之經、如集密經是正父續。如黑紅閻曼德迦經、毘盧遮那幻網經、即無上幻網、（因幻網有多種故）金剛心莊嚴經等、是父續類攝之續。勝樂歡喜金剛時輪幻頂座大印點、佛平等和合等、是爲母續。父續集密爲上、母續勝樂爲上。如集密經廣說之生起次第、圓滿次第、及事業等、諸餘父續、皆未說故。如勝樂經廣說之生起圓滿及事業等、諸餘母續、皆未說故。

如是分爲父續母續之無上續中、又分二種、一能詮聲續、二所詮義續。其能詮聲續、謂持金剛所說一切無上續之教。所詮義續、又有三種、一因續、二方便續、三果續。因續與事續同。方便續與道續同。事續者、如拏熱巴許為「無上續正所化機、如珍寶之補特伽羅。」寂靜與無畏論師、許為「具客塵心上、自性清淨之法性。」果續者、謂究竟所得持金剛位。或「無學雙運」、或「七支結合位」等、同是一義。方便或道續者、謂能證彼究竟所得之方便、即二次第道及諸支分。總謂因續或事續、如寶之補特伽羅、為證究竟所得、無學雙運位故。所修道之一切方便或道續、略攝為四、一相續未熟、先正成熟之灌頂續、成熟守護不壞之三昧耶及律儀續。正所修體之生起圓滿續及近因行續。

密宗道次第論第卷四終

密宗道次第論卷第五

克主大師著　法尊法師譯

丁三 修所詮義。分四 戊初 能成熟之灌頂續。戊二 成熟不退護三昧耶及律儀續。戊三 正修自體起滿續。戊四 近因行續。（第四略而未述）

今初 能成熟灌頂之道者。謂金剛乘不共道前。定須灌頂。故是道之初首。其中分三。己初 於何灌頂曼陀羅之相。己二 由誰灌頂金剛阿闍黎之相。己三 師於曼陀羅如何為弟子灌頂之法。

今初 先令弟子入曼陀羅後方灌頂。所入曼陀羅者。如金剛鈴論師云「灌頂壇爲先」等。其曼陀羅決定爲四，謂彩土、布繪、靜慮、身曼陀羅。其靜慮曼陀羅，非唯就阿闍黎或弟子隨一即可。其阿闍黎須極堅固竗三摩地，及其弟子須最利根，勝解堅固等，是爲具此殊勝德相者說。若於身曼陀羅灌頂，須先於無上彩土，或布繪曼陀羅，已得圓滿德相之灌頂，其次乃於身壇灌頂。若未先得外壇灌頂，不可直於身壇灌頂。

最初相續未熟，能熟之方便，隨於彩土，或布繪壇，獲得圓滿德相之灌頂，皆得眞灌頂。然有多門能令弟子積集資糧，淨治罪障，成就最勝咒道法器，有大義利，故續及成就者定量之論，多讚彩土曼陀羅最爲第一。

己二．由誰灌頂金剛阿闍黎之相。

如事師五十頌云．「堅固．調．具慧」等．謂達內外十種眞實．善巧顯密諸經論等。特如頌云．「善摧根本罪。」謂從最初未犯根本罪。或設曾犯．然由自入曼陀羅等還得威儀。以爲弟子灌頂之時．須具密呪律儀．爲他灌頂。不爾灌頂．弟子不能獲得灌頂。則彼身中無能發生呪道之基．故俱欺自他。又如云．「未清淨承事．入曼陀羅業」何爲曼陀羅業．及承事之量。

答．其曼陀羅業．謂自入壇受戒．及爲他灌頂．開光．護摩等。若行彼等事業．須先承事所依本尊瑜伽．及補缺數。不爾則如略集心要「說爲自破．自壞．自己損害．承事之量．如二會云．「壇主誦落叉．壇衆各誦萬。」無上曼陀羅中雖亦多說主尊落义，餘尊一萬。然勝樂中廣則如前。另立中略。時輪中說主尊落义，承事餘尊。意曼陀羅諸天，亦可各誦一萬。然賢偏攝論與曼陀羅法金剛鬘論說投華本尊須誦落义。然於此中非許定爾。咒次第云：（宗喀巴大師之廣論）「於降智咒承事一萬，須其十分而爲護摩」，是依時輪說。於餘未說決定須爾。說不須燒補缺護摩」。集密曼陀羅儀軌（宗喀巴大師造）中說降智咒誦十萬遍，摧礙大咒誦一萬遍，俱未說須不須燒承事。補缺護摩。紅黑二閻曼德迦曼陀羅儀軌（宗喀巴大師造）則說決定須燒承事補缺護摩。故總合前後而應了智。又承事之咒，非定須誦根本大咒。故說於心咒修承事者，亦可作自入曼陀羅等事業。

有說、誦主尊十萬遍、誦眷屬一萬遍、是爲總規。現在濁世、律儀生論說應誦四倍。

破、此不應理、律儀生論所說者、是說修諸羯摩成就法時之承事。於自入曼陀羅事業前之承事、律儀生論未說須如是修。餘堪爲定量者亦未說故。

有說、如歡喜金剛等若修一曼陀羅中主伴諸尊之承事、不須別修餘曼陀羅之承事、卽可作彼灌頂等曼陀羅事業、以一切諸尊同一體故。

破、隨你依自性清淨、說同一體故、或依是一相續樂空、說是一體故皆同。如得事續、勝敵論師所傳無量壽佛九尊之灌頂、亦應卽得無上續等一切曼陀羅之灌頂、以一切諸尊同一體故。

有說、每日四座善修生起次第、雖已滿足承事之量、若有弟子請傳灌頂、阿闍黎允諾時、應當依瓶更修承事、總通一切曼陀羅、特於黑色勝樂、須如是行。

破此不應理、純屬藏人肌造、定量教典皆未說故。故或每日四座善修生起次第、如法滿足承事之量、或依善修生起次第、已生自心清淨之相、或傳灌頂已得本尊未遮之相、是傳灌頂等作入曼陀羅業、最下須具之事。若得本尊開許、雖未滿足承事數量、亦可傳灌頂等作入曼陀羅業。卽彼便代承事之量、且是最第一故。

己三、師於曼陀羅如何為弟子灌頂之法、分三、庚初、於彩土壇、庚二、於布繪壇、庚三、於身曼陀羅灌頂之法。初又分三、辛初 繪曼陀羅法、辛二 修曼陀羅法、辛三 修已灌頂之法。初又分三、壬初 擇地儀軌、壬二 預備儀軌、壬三 正明繪曼陀羅儀軌。初又分五、癸初 觀地、癸二 乞地、癸三 淨地、癸四 攝地、癸五 守護加持地。

今初 先觀彼處具不具足可繪壇之相。（觀法如廣論明）

癸二 乞地分二、子初 從現主乞、子二 從不現主乞。

今初 如是觀已若知具足可繪之相、應於異生可共現見彼地之主、王及官等、請許、於彼處繪曼陀羅。

子二 從不現主乞。

應於具生不可共見不現之地主護處神請其聽許勝解其聽許等。一切曼陀羅儀軌皆須如是無有差別。又勝樂及時輪等說更應請地神聽許。勝樂又說乞善逝乞地。謂從出世聖者請白聽許。時輪所說與彼相順。然是彼諸儀軌特法集密等中雖未宣說。亦無儀軌缺少之過。各法別故。

癸三 淨地。分二。子初 掘淨法。子二 不掘淨法。

今初 若先修建曼陀羅室。於彼繪壇及於王宮之外。村邑之外平原等處。繪曼陀羅。定須掘地淨去石。刺。及瓦礫等地之毒箭。（石等假名為地之毒箭）未如是淨不可繪壇。為觀先從何處掘地定腹行神之腋處故。應彈觀察腹行神之線。定腹行神腋處已。先從彼處掘二三𨫼。次任掘何處。皆無觸犯地神之事。

子二　不掘淨法。

若在佛寺。天祠。宅舍等繪。不須掘地淨。可以物。咒。三摩地淨。物謂水。灰芥子等。咒謂唵補嗾等。三摩地謂修空性淨。雖掘地淨亦須此三。（如咒道次第廣論。及各種大儀軌說）

癸四　攝地。

如是已淨之地。隨曼陀羅東門所向。（將建之壇也）自亦向彼坐地中心。具足修行一座修法。次心立誓攝地云。如於此地所修。即當繪如此之壇也。

癸五 守護加持地。

次由四方四阿闍黎、從四門外、以獻壇爲先而奉供養、請繪壇場。自修之曼陀羅不應收攝、以擎舉印咒、舉於虛空。次自從正尊分出。如一燈而燃兩燭、變成當時之明王、其所變明王、如勝樂及歡喜時、爲勝三界、如時輪時爲金剛力、如集密時瞋恚金剛。如是攝持彼明王慢、阿闍黎往自在方（即東北方）勅遣魔碍。次一切師弟俱至四面作結合步法等、廣略隨宜。釘諸餘魔、修防護輪、防諸障礙、次以印咒加持曼陀羅地基、爲金剛性。此地軌次第、是無上續多曼陀羅所用通規。如時輪中略有不同。

壬二 預備儀軌、分四 癸初 地神預備。癸二 曼陀羅諸尊預備。癸三 瓶預備。

預備。癸四弟子預備。

預備。與增上住義同。若非灌頂。餘修供法。及自入壇等時。不須弟子預備。

癸初 地神預備。

於將繪壇地基中心。設地神堆。於彼先修三昧耶尊。次入智尊奉供養已。請其聽許繪曼陀羅。幷請作證。此時供不供食有二派說。（廣如咒次廣論等）

癸二 諸尊預備。

爲何義故。云何而修。其所爲者。正爲加持將繪彩土壇之地。故請白諸尊預爲奉聞也。預備之法。謂於當繪之地。塗一香點。上堆花聚。即塗香點等處、爲令彩繪諸尊相無錯亂故、須先彈線。未彈綫前、而修預備（指諸尊預備）法者、未見完善。彈線之中有羯摩線與智線之二、須先彈羯摩線、次彈智線、有先彈智線次彈羯摩線者、不應道理、所彈智線、應非爲加持羯摩線、修諸尊時、亦應先修智尊、次入三昧耶尊等、違難無量故。故雖諸先覺不修一切業尊、然在自宗應將羯摩線、修爲彼曼陀羅之一切業尊、正加持已、而彈諸線。如於何瓶修生一切業尊、卽名業瓶。（羯摩瓶）須如是修者、是不空金剛論師等多智之所說。

其彈羯摩線之線、謂一色白線、塗以石粉漿等、而彈濕線。乃至未彈智線以前、須於彼處塗香點等、而修三昧耶預備諸尊、次召入智尊時卽將前擇地儀軌時。舉於虛空之曼陀羅降下召入更不須餘召入智尊之法也。旣召入已應修供養讚頌。嘗甘露等而作預白。次彈智線。能彈之線。謂五色線。修爲五部自性。一一線中。各須同色五線。共彼五五二十五線合總一處。而爲燃線。（彈二線之儀式等如廣論等說）

癸三 瓶預備。

此有先舉預備之曼陀羅於虛空。在未彈智線之前修者。與先修瓶預備法。次舉預備之曼陀羅而彈智線之兩式。各如自壇時所說而爲。次當善了各各之修法安布諸瓶。廣者。瓶與尊數相等。若未能辦。應設五瓶。正尊父母設一瓶。四方諸尊設四瓶。此亦應知如何安布四方法、及於瓶內修諸尊之法也。若彼亦未辦、應依二瓶、一作尊勝瓶、一作羯摩瓶。修諸瓶之所為者、謂尊勝瓶、為於灌頂及自入壇等時作水灌頂用。羯摩瓶者、為洒壇場、供物、自身處所、弟子等用。修瓶之法、有一派、謂於尊勝瓶中修一切諸尊、次於瓶上所置之螺盃或頂骨等中亦完修諸尊。有一派、謂不於螺盃實修諸尊、唯將瓶內所修諸尊影現螺內、如鏡中現影。又一派、謂於尊勝瓶修法同於螺杯內唯修正尊父母。如是三派皆不應理、堪為量者皆未說故。其錯誤之事緣、因海生論師云「鋑字所生瓶、安置寶瓶上、於彼修諸尊。」「於彼」二字、未知為尊勝瓶、執為螺杯而成錯誤。又時輪中說勝、尊勝大尊勝三瓶。以勝與尊勝、為所說十瓶之上下二瓶、以大尊勝爲螺杯。雖說於彼修一切尊．然於尊勝等瓶．則說僅修一尊．故不可爲證。

自宗者．謂尊勝瓶．須修彼曼陀羅之一切諸尊．此無差別．然修不修宮殿．則有二派。尊勝瓶上所置螺杯．滿注香水者．先誦「鄔達迦」及「三密字」修成金剛甘露水．是爲供尊勝瓶內諸尊．爲閼伽故。毳衣大師．及佛頂曼陀羅儀軌等．堪爲定量者．多作如是說。次以螺水供爲閼伽．再獻華食供養讚頌之後．在瑜伽續以下．雖無融化諸尊之軌，然無上續．則諸尊與水融爲一體。此是思惟本尊父母入等至愛火化身．與瓶水無別．若謂眷屬無父母者應如何化。曼陀羅中一切主伴同屬一體．卽由主尊父母融化之力．化諸眷屬故無過失。在自宗中，器相諸尊亦化爲水。有見說名「金剛甘露水」者，便以水注金剛杵頂。此誠知者可笑之處。

癸四　弟子預備，

何爲而作弟子預備，謂爲令成密咒法器先淨相續。在預備時，師長先爲傳內灌頂，於金剛乘定其種姓，次方灌頂。若未如是則不可灌頂。譬如生爲輪王種族之太子，方可於彼王位灌頂，首陀等族不可於彼王位灌頂。

壬二　正明繪曼陀羅儀軌，

彈智線後，應繪彩曼陀羅。如是繪已，其能依之曼陀羅，（卽壇內諸尊之名）應設三印。隨一，言三印者，謂意三昧耶印，爲表彼故，於各尊住處。應設各尊標幟。或語法印。為表彼故。於各尊住處。應設各尊之種子。或身大印。為表彼故。於各尊住處。應圓滿繪各尊之形像。或於彼處安布彼鑄尊像亦可。如是善繪所依（宮殿等）能依（諸尊）曼陀羅已。應以幢傘及諸供具莊嚴曼陀羅。（繪法詳式如廣論等說）

辛二 修曼陀羅法。分三 壬初 修彩土曼陀羅法。

如是彩繪莊嚴曼陀羅已。應須修習。此有自起與前起。異不異之兩種修法。達日迦巴論師。於勝樂法。作自起與前起異法時輪法中亦有異者。天竺餘師所許多為不異之法也。依異而修者先圓滿自起法。次修前起時。不須觀想自住前起之曼陀羅中。亦不持前起正尊之慢。僅修前起而已。依不異修者。謂藏地諸先覺執與天竺諸大論師有二說。藏地先覺有謂先修自起。召入智尊。供養稱讚。嘗甘露以上圓滿修已。不收壇場而修前起。自起不持前起正尊之慢。待修前起完畢。次自起之宮殿。與前起之宮殿合。自起之正尊等一切諸尊。與前起之一切尊合。其名曰「自前相合」。次從本性淨處奉請智尊。拋金剛杵。誦根本咒。驅逐隨來魔礙。觀想分開護輪。迎進智尊。既迎入已。誦噫吽等咒。以金剛縛印結合護輪。次連修七日供養法。每日從舉於虛空預備之曼陀羅。猶如一燈燃二燭之相。降一曼陀羅融入彩繪之曼陀羅。至奉送之夕。預備之曼陀羅。不置虛空。一并融入。名為「七合曼陀羅」。謂前擇地法時。有三昧耶尊與智尊之二合彼二與預備之曼陀羅合則成三合次自起之三昧耶尊與智尊爲二與前起二尊相合爲四其上再合前三故成七合以此法爲師長教授故許爲甚深也。

天竺許自起前起異者有二說初者謂不須先別修自起觀想自往所修前起彩繪或布繪壇中卽於彼上修「法生」（密法專名詞）及四大次第從種子起標幟再生成尊依三起法同時而起次加持身語意召入智尊以部主印定次如一燈燃二自從本尊分出至東門前奉獻供養而自入曼陀羅。等後從師長與本尊無別前受灌頂等。如此修法諸大成就者雖多未說而諸智者則多受許。如紅黑閻曼德迦法可如是修若集密等如是修者則無隨順所治生死中有之修法，故不應爾。當如宗喀巴大師，依龍智菩薩等儀軌所造曼陀羅儀軌，及明炬論註所說而修。彼是先具足修最勝曼陀羅以前之自起，供養稱讚嘗甘露等完訖，收攝自起，自獨住正尊相，觀想往彩繪或布繪曼陀羅之中心，次以羯摩瓶水洒淨，莫損壇場，（水不宜多洒也）一次令曼陀羅入光明定，僅收曼陀羅等戲論相，非令斷無，當辨其差別。次修法生及四大，次修宮殿，宮殿起已，修共不共諸座，上修種子，由此而成幖幟，由幖幟而成全身。自以正尊修法而起，由住其慢，加持身語意而修三重薩埵。次召入智尊部主印定訖，如一燈分二，自從本尊分出，至曼陀羅東門，而奉供養受灌頂等，如同前說。

入智尊法。先入從本性淨土奉迎智尊。其後俱降，先舉虛空之預備曼陀羅。唯初夜入。其後諸夜無可降者。此曰「五合之名。」天竺論師之論中未見宣說。次第云。「從一至六」。較彼更爲「多合」之名。天竺諸師無一說者。然有四合三合之名。其五合者謂地法時三昧耶尊與智尊爲二。彼二合預備曼陀羅爲三。合彼與此處前起之三昧耶尊及智尊二相合。故成五合。自起已收無可合者。天竺雖亦有「自前不異」之名。然無「自前相合」之名。「自前不異」之義。謂前起彩繪之曼陀羅爲實宮殿。自往其中住正尊之慢也。又修曼陀羅法中。有諸先覺連日修供養法時。初日所修曼陀羅已入有智尊。次日修時。於眞空等咒修淨之前。先將彩繪或布繪曼陀羅之智尊。舉於虛空而後修淨、修後之後、仍降智尊。

破此極非善、是多防難之處。故謂若是布繪者、退失開光堅住、卽於彩繪中、前彩繪土、所修五部自體、入有智尊、亦應舉之、所彈智線亦修爲五部自體入有智尊、彈於羯摩線上而加持羯摩線、觀想智尊入羯摩線、彼亦應舉之、又水灌頂時、先令弟子修爲不動佛入有智尊次於寶冠灌頂之前、須洒淨弟子、其先之不動、亦須擎舉等過難無邊也。然如是修之因緣、是於淨空之義、執爲斷無之所致。其淨空之法、是於眞實義光明中、收其身相等也。

壬二　修布繪曼陀羅法、

彩土與布繪儀軌有何差別、

答，此略有三，一地法差別，二預備差別，三正行差別。初者，若是先已多次修地法之處，雖彩土布繪俱不須地法，而無差別。然布繪之地法，任於何修，皆不須掘地淨，唯以物咒三摩地淨之即可。觀地乞地亦所不須也。其攝受守護加持之儀軌，則彩繪所修相同。以加持地基防護魔礙之所爲，於二壇場無差別故。又物咒等淨，亦非定須故，能修者尤爲圓滿，即不能修，亦無缺斷儀軌之過也。第二預備之差別，羅睺羅吉祥知識所造單依布繪集密之曼陀羅儀軌，明顯雙運論，又語自在稱論師，常住金剛論師所造單布繪曼陀羅儀軌等中，雖於布繪俱未宣說須不須預備法。然在自宗，須如咒次第顯示預備差別云「瓶預備法若是弟子灌頂，則弟子預法，於布繪壇二俱須修。」一未說地神預法與諸尊預備法．實不須修。地神預備．是爲於彼處請其聽許繪曼陀羅．若不繪曼陀羅．彼則無須故。天預備時安設香點及花聚者．是爲繪時諸尊不亂預備之修行．供養請白者．是爲預白．明日繪壇請加持義。若不繪壇．則不須如是修故。若修諸尊預備．則於布繪曼陀羅上應須具彈智線與羯摩線故。正行儀軌．與彩土無別。

壬三　修身曼陀羅法。

藏師有謂．如修靜慮曼陀羅應將所修事．於前虛空修曼陀羅．觀想彼中正尊與自師長無異於彼身中安布諸尊而修。

破此．不應理．如是但是修靜慮曼陀羅法．全無修身曼陀羅義。身曼陀羅所依事須無新造。彼則全未以眞實身分。作所修事。純屬分別假立爲所修事故。由彼爲弟子灌頂。亦不成身曼陀羅灌頂。全無繫屬。以未在所修曼陀羅中灌頂。而於師長未修之身中。令弟子受灌頂故。若卽於所修曼陀羅中灌頂者。亦非身曼陀羅灌頂。而成靜慮曼陀羅灌頂。如是薩迦諸祖。身曼陀羅須非別修。卽以師長自修之內身曼陀羅法。而修身曼陀羅。自宗亦爾。

於身曼陀羅自入壇受灌頂法。謂五相現證菩提中。修「根本嘿嚕迦」一時。自住其慢。次修四心藏瑜伽母等六十二尊時。一切皆須住其我慢。特於「根本嘿嚕迦」心中。從「春點」修「內嘿嚕迦」父母時。尤當起猛利慢。念其卽我也。（密法之慢字。是起「我卽本尊」之觀想假名、曰慢非煩惱慢也、如念彌陀者觀想極樂依正莊嚴、及放光照我、往生彼土等、皆此類之法。」爾時於「根本嘿嚕迦」與「內嘿嚕迦」堅固信解其同體異相。而修瓶等。次自持正尊慢中如一燈燃二。自從正尊分出住東門外。此後觀想「內嘿嚕迦」、與自之根本師長無別、從彼乞受灌頂、自入壇等為弟子灌頂之時自觀想與「根本嘿嚕迦」及「內嘿嚕迦」相合、更明想諸尊。次令弟子入壇時、亦與入彩繪等壇不同、須令入尊長彼彼身分所修之宮殿。令投花時亦令勝解投入師長心中、「內嘿嚕迦」之心間。瓶等灌頂亦令從師長身受、其修曼陀羅與灌頂、莫令無屬也。此於身曼陀羅灌頂法、是依金剛鈴師軌。若集密法、雖有身曼陀羅、而無於彼之灌頂也。

辛三 修已灌頂之法。分二。壬初。爲成熟相續。給弟子灌頂法。壬二。爲令久住給諸尊灌頂法。初又分三。癸初 入曼陀羅。癸二 入已灌頂、

今初 入壇場時。須先受三昧耶與律儀。方可入內。其受五部律儀先無密咒不共戒。能令新生。壞能還淨者。最下須具受金剛阿闍黎以下灌頂。三返受取五部律儀。乃能如是。若但於修法及結緣隨許時。亦當三受五部律儀。雖不新生律儀。及律儀還淨。然如是受亦有大義。以先有者。能令堅固增長。有大利益故。

如是受律之時。諸大論師有三說不同。一於弟子預備時受。餘時不受。一於入壇時受。餘時不受。一於二時俱受。此三不異。派任隨何行。

祇若具足諸餘支分，皆能生戒，無有差別。故於各派令不紊亂。又灌頂及自入壇等之先，由阿闍黎開曉等門，於取捨處，最下須生粗概定解，令發猛利欲受護心，而正受取。若不爾者，唯坐灌頂之場，難得灌頂也。又受戒時，若與師齊誦，或較師先誦，無着菩薩等皆說不能生戒。故當隨師後誦。自入壇時，決定須想曼陀羅正尊與本師無異，由師先誦受戒文句，自隨後誦。特辨此等極爲重要，以是咒道之基礎故。

故生密咒律儀，雖定觀待灌頂，然非觀待具受一切灌頂。如生苾芻戒，雖須觀待白四羯摩，然主要律儀完備三說中之二分圓滿時，即生其戒。（如廣論及密宗戒釋等說。）

癸二 入已灌頂中無上續所傳灌頂決定唯四。子初 瓶。子二 密。子三 智慧。子四 第四灌頂 子初 瓶灌頂。分四 丑初 於何曼陀羅得。丑二 數有幾種。丑三 何爲體性。丑四 有何作業。

今初 隨於彩繪或布繪壇中瓶灌頂時。非由所修曼陀羅諸尊親作執瓶灌頂等事。亦非觀想如是。是須觀想別請灌頂諸尊中由佛眼佛母等執瓶而灌頂。轉動瓶者。由阿闍黎自任。正灌頂者。謂灌頂諸尊然。由阿闍黎供養所修曼陀羅諸尊。請其憶念爲弟子灌頂。及由觀想曼陀羅諸尊。如其所請。施以憶念爲弟子灌頂事。故說於彩繪或布繪曼陀羅。得瓶灌頂。

丑二 數量。

餘者雖有異說，若依集密派，則瓶灌頂有十一，及上三灌頂，共有十四。如釋續金剛鬘經云：「一灌頂一地」，與彼說十四地相順也。瓶灌頂又分共同金剛弟子灌頂，不共金剛阿闍黎灌頂。其「不動佛水灌頂，寶生佛冠灌頂，彌陀佛金剛灌頂，不空成就佛鈴灌頂，毘盧佛名灌頂」之五，又名「明灌頂」。以佛眼等明妃執瓶爲灌頂故。又能安立無明對治明了智慧之功能，故作是說。又無畏論師所說「第一華鬘灌頂」雖未計入十一瓶灌頂，然定所須，以彼灌頂之所爲，是阿闍黎將弟子囑授投華所中之本尊，依此當於彼如來部而證等覺，正爲曉示安立彼之功能故。又由水灌頂，謂彼修道時，而能洗除於部成佛之垢障。由冠灌頂，謂修彼道能立於彼部成佛時三十二相內。無見頂相之功能。及部主印定功能。由金剛灌頂。謂能安立。於彼部成佛時。證無分別智意密之功能。由鈴灌頂。謂能安立。於彼部成佛時。成辦對所化機。說八萬四千法門語密之功能。由名灌頂謂能安立。於彼部成佛時。曰某名如來。德號之功能也。此等是依各別部類。由金剛阿闍黎灌頂者。謂能證得身語意三密金剛不離之金剛持。總不退轉無上菩提。尤能不退依止此道證大菩提。（此皆約不犯戒而論）等同位登十地諸大菩薩。由佛世尊授三界法王灌頂。而於三界大法王位獲得自在。此於爲他講經及灌頂等。一切金剛阿闍黎事業。由皆安立自在之殊勝功能。故曰灌頂。

丑三　諸瓶灌頂之體性。

由水及冠等各各儀軌灌頂之時．若是利根．能實引生安樂．以彼安樂與決斷眞空正見相合．以此空樂智爲體。若非利根．當於爾時勝解安樂．憶念正見．由勝解作意憶合樂空金剛阿闍黎灌頂體性．以自住金剛持定結合眞實或修成之明．所引發之安樂．與憶念眞空相合．勝解「引發樂空眞智．」爲最下者。若未如是．不能立爲得彼等之灌頂也。訓釋者．由於彼一切皆有瓶水隨行．故名瓶灌頂。

丑四　作業。

曼陀羅諸尊若廣分別．雖無邊際．然彼一切．或於五部或於身語意三密金剛．或於三密不離一切部主金剛持第六部．攝無不攝。故由瓶灌頂．於修依諸部之生起次第及諸支分．悉得自在。成彼法器。於果位四生之中。安立成辦化身之功能也。

子二 祕密灌頂。

得灌頂之曼陀羅。有謂於婆伽曼陀羅得者。不應道理。於婆伽得。諸具量者皆未曾說。時輪雖說於婆伽曼陀羅灌頂。然是彼之別法。彼謂於弟子顯示婆伽而灌頂。餘者皆無是說。雖諸經論有說依止眞實業印灌頂者。是就無上續中。如珍寶之特機。彼須師長依止業印德相完具。觀想奉請曼陀羅一切諸尊入自身中。由等至力化成世俗菩提心。故名於世俗菩提心曼陀羅而得灌頂。現在時機。師長當依智印。以觀想力化諸尊爲菩提心甘露。置於舌端。若是利根。能實引生大樂。若非利根。亦須觀想大樂與空見相合也。其作用者。由嘗師長所授之菩提心甘露。至自身脈輪。能加持血脈。及發語之脈息。依彼堪能力故。於修圓滿次第之身遠離。語遠離。意遠離。世俗幻身。皆得自在。若已成法器。住身扼要而進修。能於因位道時。由息於中脈。入住化故。生四空智。（此皆密法專名。）由彼力故。唯從心息成就幻身。最後果位。能立唯從發語之脈息。成就圓報身之功能也。訓釋名者。謂由嘗祕密而得灌頂。故名祕密灌頂。

子三　智慧灌頂。

現在不宜眞實智慧。唯當觀想由師長賜以智印問答如儀。善爲曉喻。明了觀想作欲天身。入等引地。若是利根。能引大樂。若未實生亦當觀想引四喜樂。由勝解堅固與正見空性相合。想生樂空。以堅固勝解作意。爲下邊際。若無此者。不能安立爲得智慧灌頂。其作用者。謂能淨治一切境界。現爲樂空自性之垢障。安立現起之堪能。成修第四光明次第之法器。安立果位能成俱生法身之功能也。

子四 語表灌頂

現在不能實生。唯是法器之第四灌頂。謂具傳四大灌頂時。即以第三灌頂所生勝解決定。爲喻。將彼所表詮之雙運。開曉弟子。令其解了。即此立爲得語表灌頂。其灌頂法。如云「第四亦如是」。謂如第三灌頂時。明了觀想樂空譬喻光明。同時俱轉。如是於修道時。身住扼要精進修習第四次第之後。其身唯從最極微細之心息成就眞實虹體金剛身。與現證空性勝義光明之心同時俱轉。證得如是身心同體之雙運者，名「有學雙運，」由其如是同類相續之修習果位能得順彼行相，無學雙運，具足七支給合之寶位。故傳四灌頂，令植四身種子之灌法與得法，最爲重要。

以灌頂義配其所修無上續之道次第，謂生起圓滿二種決定，當先修生起次第，成熟相續，次乃進修圓滿次第，若不如是雖修第二次第，亦不能生，如經所說，故須先修生起次第。爲令成就彼法器故，故先須瓶灌頂。若由初次第成熟相續，次當修第二次第。其中先以身遠離語遠離等，引左右諸脈之息，入住化於中脈，次引明長得三，及譬喻光明心遠離，彼後乃生，唯從心息所成，不清淨之幻身，此等必依次第而生。爲成修彼道法器故後傳祕密灌頂。次以持總隨懷二種靜慮。令彼不清淨之幻身。入光明定而清淨之。方能生起現證空性勝義光明。爲成彼法器故。祕密灌頂後傳第三灌頂。從勝義光明逆流起時。身成清淨幻身。意爲勝義光同體俱轉。證得有學雙運。由彼相續修習。現證無學雙運。七支給合聖位。爲成彼法器。故第三後傳第四灌頂。

以所得果無更究竟。故第四灌頂上。餘無灌頂。如灌頂之數量次第決定。故修道之數量次第亦如前說而決定。若爲他灌頂或自入壇等。皆是爲修彼道。故分別了解最爲重要。

（論未著壬二爲諸尊灌頂一科。其庚二於布繪壇。庚三於身壇灌頂兩科。攝於修曼陀羅科中已略說。故未重說。）

戊二　守護三昧耶及律儀。

建立律儀及三昧耶，最爲重要，以得眞實後，卽須善解，十四根本四罪，八種粗罪等，諸本支罪相，相續依止正念正知，於根本罪捨命防護，設犯支分諸粗罪等，亦須各各依還淨法善爲還淨，不共經夜。頗有未灌瓶灌頂，卽傳上灌頂者，不應道理，以未令入壇，未示諸尊，雖灌上頂，不能爲得灌頂數故。若未如是行，卽傳祕密灌頂，阿闍黎身中若有密戒，犯根本罪，卽捨密戒。如是灌頂之阿闍黎，雖修密道，獲得悉地，經說死後當墮地獄，故於此處極應愼重。」

有謂時輪宗中，無七灌頂，但傳最勝灌頂，亦可講授。此如前說犯根本罪，如云「諸山，於未成熟人前施祕密。」（諸山是七之代名，謂對未成熟之人。宣說密法。是第七罪」。俱害自他。損害佛法。無過於彼也。故於時輪決定須於彩繪曼陀羅灌頂。故云「立壇而惠施」。釋論云「應於彩繪曼陀羅灌頂。非布繪等」。如是已得圓滿灌頂。必須如理守護三昧耶及律儀。若犯粗等小罪。當無間懺悔。若犯根本重罪。當自入壇等。仍令還淨。正須全不違犯根本重罪。以較俱犯毘奈耶中四根本罪。犯密咒中根本罪者。異熟重大。若能如是策勵全不違犯根本重罪。縱於現法未能修道。緣起法爾。於諸來生。定為善友之所攝受。修習諸道。或經七生。或十六生。決定成佛。

戊三　正修自體生起圓滿次第。

如是善護三昧耶及律儀之補特伽羅。其所修道生起圓滿二種次定。由是因緣。修生起次第及諸支分。卽是完備能成熟道。次修圓滿次第及諸支分。卽是完備能解脫道。於能成熟道。及能解脫道中。攝盡一切大乘有學道。故由須先修生起次第。次乃修習圓滿次第。故其次第亦如是決定。未以生起次第成熟相續。則圓滿次第不能解脫相續故。

有謂生起次第淨治生有。圓滿次第淨治死有。生滿二法。淨事不同。

有謂生起次第。能淨卵生等四生。故生諸尊法。有四種不同。

破此等對於修無上道。卽身成佛之理。未獲正解。故皆不應理也。

自宗。謂生起圓滿二法。皆須以生死中有。爲所淨事而修諸道。故天竺智者論中。皆說「是依贍部洲人胎生具六界者。」卽以正理亦善成立。生起次第之訓釋．謂由是分別假設．或以內心假想生起．所修次第．故立彼名。圓滿次第者．謂不觀待分別假立．直緣自身生時已有脈息空點．爲念諸息入住融化於中脈．故所修次第．故名圓滿次第。又由是修本來性空之空．與扼身要所發樂智．二不分離之次第．故名圓滿次第．當知生起次第．如餘處說。圓滿次第中先說「哩鋑」一之義。總其一切無上續部正所詮說「樂空無別」．即是「哩鋑」二字所詮表義。故彼二字所詮義中．能設正所詮也。其中分三．一所得果位哩鋑．二能得道中哩鋑．能引相狀「哩鋑」。初者「哩」一字三角．詮表三角法生之中．有由佛智所成宮殿及座。「鋑」字所詮．謂金剛持及諸眷屬。總之．表詮昔說法時．依正曼陀羅也。二道位「哩鍐」有三。一釋樂。二釋空。三釋樂空不別。初者謂集密根本續十二品中。毘盧佛說「菩提心頌」為所釋事。解釋彼者。謂龍猛菩薩所造菩提心釋。其中說有「行咒諸大菩薩。當由修習勝義菩提心而發其心。」是以正理。破除唯識宗所許。能取所取二空眞實以下之空。如中觀論等决擇一切諸法。皆實性空。咒中空見亦唯如是。咒中亦無超彼之正見。故無以補特伽羅實體空之空性。與大樂結合之說。寂靜論師說與唯識見結合。跋嚩跋陀羅與畏論師等說與自續派見結合。然無上續正所化機。必較顯教大乘利根之機。其根尤利。定是可說應成派見之法器。故若就正所化機。則不說自續派以下正見之建立也。故圓滿次第之建立。當知廣如餘處。卽於上說。若欲了知。其理證之決斷。於咒道次第廣論應當了知。

如是廣說續部總建立竟。

密宗道次第論第卷五終

民國二十四年七月一日譯在世界佛學苑漢藏教理院雙柏精舍

國家圖書館出版品預行編目資料

密宗道次第論／克主傑大師著；法尊法師翻譯. --
初版. -- 新北市：華夏出版有限公司, 2023.01
面； 公分. -- （圓明書房；001）
ISBN 978-626-7134-62-7（平裝）
1.CST：藏傳佛教 2.CST：佛教修持

226.965 111017385

圓明書房 001
密宗道次第論

著　　作　克主傑大師
翻　　譯　法尊法師
印　　刷　百通科技股份有限公司
　　　　　電話：02-86926066 傳真：02-86926016
出　　版　華夏出版有限公司
　　　　　220 新北市板橋區縣民大道 3 段 93 巷 30 弄 25 號 1 樓
　　　　　電話：02-32343788 傳真：02-22234544
E-mail：　pftwsdom@ms7.hinet.net
總 經 銷　貿騰發賣股份有限公司
　　　　　新北市 235 中和區立德街 136 號 6 樓
　　　　　電話：02-82275988 傳真：02-82275989
　　　　　網址：www.namode.com
版　　次　2023 年 1 月初版一刷
特　　價　新臺幣 320 元（缺頁或破損的書，請寄回更換）

ISBN-13：978-626-7134-62-7

《密宗道次第論》由佛教出版社同意華夏出版有限公司
出版繁體字版